驚くほど仕事が片付いてしまう!

クラウド時代のタスク管理の技術

The Practical Skills for Task-Management in the Era of Cloud Computing

佐々木正悟
Shogo Sasaki

東洋経済新報社

はじめに

この本は「やることが多すぎて、時間が足りない！」と心の中で叫んでいるすべての人に向けて書いた本です。

- 会社での仕事に追われて、自分自身の夢を追ったり、目標を達成するための時間がまったく取れない！
- とにかく課せられた仕事だけでも終わらせて、もっとたくさんプライベートな時間を持ちたい！
- 夢や目標にそれほど興味はないけど、毎日穏やかに暮らしながら、タスクを楽にこなしたい！

本書はこのいずれの要求も満たせます。本書で解説するメソッドを間違いなく実践すれば、やりたいことをやる時間を確保することも、穏やかに暮らせるようになることも、思いのままになります。

「タスク管理ツールごときに、そんな力があるはずがない。話がうますぎる」

そう思われるのもムリはありません。世の中にはどうでもいいようなタスク管理ツールやメソッドが多すぎるのです。氾濫していると言っていいでしょう。

しかし私はそうしたどうでもいいようなツールから、まともに使えるツールを見分けることができます。特別な能力に恵まれたからではなく、経験のおかげです。私は小学6年生の時から、紙ではなくパソコンで、「タスク管理ツール」を使ってきました。中学2年生の時には電子手帳で宿題を管理していました。25年以上の間、デジタルツールで「やること」を記録し、リストアップし、実行するというサイクルを試行錯誤してきたのです。

そんな私ですから今世の中で目にするようなタスク管理ツールのほとんどは試してみました。その大半は本当に似たり寄ったりで、よくもここまで同じような機能で同じような見た目のＴｏＤｏリストやチェックリストを作る人が後を絶たないものだと、いささかうんざりしています。

しかし本当に役立つツールはたしかに存在するのです。本書では役に立たないツールには目もくれず、四半世紀の経験から「たしかに役に立った」と実感できるツールだけを厳選して紹介します。そうしたツールを正しい使い方で活用して初めて、やりたいことに没頭するための十分な時間を確保することができるのです。

時間がないというのに、タスク管理のツールや方法にも懐疑的だという人には、ぜひともお伝えしたいことがあります。自分のやるべきことは絶対に頭で思い出す必要がない状態を達成してください。自分がやるべきことを知るにはリストを見ればいい。それを可能とする技術が、すでに誰にでも手の届くところにあります。

日本でもスマートフォンがようやく一般化したからです。スマートフォンとクラウド技術を組み合わせれば、いつでもどこでもオンラインに保存した情報にアクセスできます。MacやPCとスマートフォンの間でタスクデータの同期が取れるようになったので、完璧なタスク管理が可能な時代になっています。自分のやるべきことをすべてクラウド上にあげておけば、いつでもどこにいても即座に確認できる。その状態を作り上げることが絶対に必要です。その状態をキープできて初めて、やりたいことに没頭するための十分な時間があなたにもたらされるでしょう。

現代のような仕事環境では、やりたいことに没頭するための時間を取れないのはもちろん、重要な仕事に手がけることすら、油断していると失敗します。とにかく目先の仕事に追われてしまい、雑用を片付けているうちに気が付くとコアの仕事が何もできてない、という事態に陥りがちなのです。

ToDoリストも作っているしタスク管理ツールも使っているけど、大事なことはもっぱら頭で思い出してやるようにしているというのでは、何もしていないのと同じです。やるべきことを思い出すというその習慣こそが、モチベーションと時間を大幅に奪っているのです。

本書で紹介するToodledoを使ったデータベース型タスク管理術を用いれば、到底できない量の仕事をいつの間にか処理できるようになります。その際にやることはただ一つ。ひたすら、毎日やるあらゆるタスクをToodledoに入力して、こなしていくだけ。慣れれば1日10分もかかりません。

人は誰も、仕事に追われたいとは思っていません。仕事をコントロールする側に立ちたいと思っているはずです。私はずっとその方法を模索してきて、今では完全にこの目的を達成しています。残念ながら私の方法は「小難しい。私にはムリ！」とさんざん言われてきましたが、それは誤解です。朝の通勤ラッシュに30分耐えられる人なら、誰にでもできる方法です。

まずはやってみてください。

自由な時間を手に入れてください。

二〇一一年一〇月吉日

佐々木正悟

CONTENTS

Chapter 2

タスク管理システムの作り方

Chapter 3

プロジェクトを管理する

Chapter 4

タスクのルーチン管理

Chapter 5

共同作業をどう管理するか

Chapter 6

タスク管理システム運用の実例

補章

タスク管理システムを支えるサブシステム

装丁・石間 淳
本文イラスト・中村勝紀（TOKYO LAND）

Chapter 1

タスクに関することは頭の中で何もやらない

本書で言いたいことを一言で言えばこうです。

頭でタスクを管理しない

ただこれにつきます。

いわゆる「IT革命」が起こって以来、1人1人がやらなければならないことは増え続けています。大量の情報をさばき、猛スピードで変わる環境に対応し、続々登場する新技術を検討しなければならない。

そういう過酷な状況に私達の脳は耐えきれなくなっているのです。ですから脳の負担を少しでも軽くする必要があります。そのためにも頭の中でやるべきことを計画したり、思い出したり、考え込んだりすることは、一切やめなければなりません。現代の過酷な環境でそんなことまで脳にさせていては、頭がパンクしてしまうのです。

これからやるタスクを思い出さない。
タスクの手順を頭で考えない。
タスクに必要な資料を探さない。

タスクに必要な時間を頭で計算しない。
タスクのゴールをイメージしない。

これらを達成するにはクラウド化されたタスク管理システムがどうしても必要です。本書で紹介するのはそうしたタスク管理システムなのです。単なるタスクリストではありません。ＴｏＤｏリストでもありません。ましてや紙の手帳で代替えできるような代物ではあり得ません。紙では絶対にできないことをデジタルツールでやるのです。

そうは言っても基本的な考え方は単純です。やることを全部クラウド上のデジタルデータにしてしまう。一切合切、全部です。「次にやることは……」などと一瞬でも考えないようにします。「今やっていること」と「次にやること」と「近い将来の見通し」はいつでもクラウド上のツールを見れば確認できるようにする。次にやることはそこに書いてあります。そうでなければいけません。

「手帳にあったたか、それともツールにあったか……」と考えるのはよくありません。クラウド上にある。そこにしかない。そこになければどこにもない。そういう状態を達成するのです。

そういう状態を達成すれば、悩むことがまったくなくなります。悩む時間がゼロ秒になります。何日経ってもゼロ秒です。

- やることを思い出す
- あいている時間を検討する
- プロジェクトを進める手順に思い悩む

今まではそんなことのために、時間を使っていたかもしれません。これからはそんな時間の使い方はやめましょう。タスクに関する限り「思い悩む時間」をゼロ秒にするのです。

なぜそこまで極端なことをするかと言えば、時間がもったいなさ過ぎるからです。やることの多すぎる現代で、タスクの管理を頭でやるなどという、無駄な時間を割いている場合ではないのです。

しかし時間よりもったいないものがあります。それは精神力です。やるべきことを思い出したり、仕事の手順を思い起こすというのは、精神力の無駄遣いです。

一般的なビジネスパーソンのストレスというのは今や異常としか言いようのないレベルに達しています。その証拠に、年間の自殺者が3万人をまったく切らなくなってしまいました。その中には少なからず「ウツ」に苦しんだ人が含まれています。新聞でも雑誌でも「ウツ病」が取りざたされ、労働問題と言えば「ウツ問題」と考えてしまいそうなほど「流行」しています。私が子供だったころには考えられないような状態です。それどころか、私が大学生のころですら「ウツ」などというのはかなり「珍しい精神障害」と思われていました。

個々のウツの原因はちょっと特定できません。しかしストレスが重要なファクターになっていることはまちがいありません。現代のビジネスパーソンは、誰より自分自身を守るためにも、ストレスを常に減らし続ける努力をしなければならないのです。今のような職場環境では、ストレスゼロというわけにはどうしたっていかないでしょう。しかし減らすことはできます。たとえ上司の人格が少々歪んでいようと、いびつな産業構造のせいで給料が減っているのに残業が増えていようと、それでもストレス対策の方法はあります。その1つとして、「頭の中でタスク管理しない」という方法が存在するのです。

なぜ「頭の中でタスク管理しない」ことがストレス対策になるのでしょう。

それは、「頭の中で考える」ということ自体がストレスになるからです。仕事のことであれば、特にそうです。思い出しにくいことを思い出したり、複雑な手順を反芻したり、締め切りとの兼ね合いをシミュレートするということは、ストレスになるのです。

だからそれらの「思考操作」を頭で行うことはやめなければなりません。頭の中での「思考操作」をやめて、コンピュータの画面中での「リスト操作」に切り替えてしまうわけです。幸いにもコンピュータはそうした操作が得意です。一週間でやるべきことのリストを即座に用意したり、今やらなければいけないことだけを探してくるのは、脳よりコンピュータの方が圧倒的に得意です。

だから「思考操作」を「リスト操作」に切り替えるということは、ただ単に脳の負担を減らすというだけのことではありません。仕事の効率を高めるということでもあるのです。タスクをクラウドコンピューティングに任せるビジネスパーソンと、頭の中でこなそうとしてたまに手帳も参照するというビジネスパーソンは、二重に大きな差がつきます。

❶脳の負担で大きな差がつく
❷生産効率で大きな差がつく

つまり頭でタスクをこねくり回している人は、ストレスをより多く抱えると同時に、非効率的に働き回ることになるのです。

1 時間をツールに見積もらせれば脳の負担は半減する

ところで、すべてのタスクを頭の中から追い出して、クラウド上にあげてしまって管理する、というだけならば今までも提唱されてきました。そうできるのにやっていない人もいまだにたくさんいるのですが、方法としてはあちこちで言われていることです。

本書ではもう1つ、あまり他では提案されていないやり方を紹介します。

すべてのタスクの時間を見積もる

というやり方です。

この目的も明確です。仕事に関する不安を和らげ、脳や心の負担を減らすことです。

脳がもっとも苦手とすることの1つに、時間の見積もりがあります。私達は平気で「じゃあこの案件、3ヶ月後が締め切りということで」などと口にしているのですが、ある意味ではとんでもないことなのです。

脳にとっては、3ヶ月も6ヶ月も1年も、大した違いはありません。どれも同じく「たくさんの時間」でしかないのです。脳は時間を知覚することができないからです。ちょうど子供にとって、300万円も600万円も1000万円も、どれも同じように「大金」であるようなものです。

3ヶ月でいったいどのくらいの作業を進められるのか。私達はそれを知らずに「3ヶ月後が締め切りの仕事」に従事しています。それどころか、実際のところ1日でどのくらいの作業が進められるのかも、あまりよくわからず仕事をしています。それどころか、毎日実際何時間くらい活動しなければいけないのかすらほとんどの人は知りません。

なのに私達は、わりと簡単に仕事を「先送り」にしてしまいます。翌日どのくらい仕事をしなければいけないのかを知らないままに、3ヶ月後に締め切りの仕事を進めながら、「今日はくたびれた」というような理由で「翌日」や「翌々日」に仕事を回しているのです。

そうしているといつか「大変なこと」になるでしょう。しかしその「大変なこと」がどう大変なのかはよくわからないし、わかりたくもないわけです。

長い目で見ると、この状況はとてつもなくストレスフルです。見えない遠い将来に、「とても悪いことが待ち構えている」と思いながら毎日業務をこなしているわけですから。それに先の方にとても悪いことが待ち構えているだけでなく、日々目の前の状況もそう気楽なものではないでしょう。そんな中での「とても悪いこと」など想像したくもないのが当然です。

私自身は、「今これをやれば翌日には本当に楽になるのか？　やらないと翌日はとても厳しくなるか？」に対する答えをいつでも知りたいと、ずっと思っていました。そして今ではそれがわかるようになっています。たとえば、今現在の時刻は午後の3時44分です。それ以後、本日中にやらなくてはならないタスクの数は25個。その25個すべてのタスクにかかるであろう見積もり時間は2時間26分。順調に見積もり通りに仕事が終わったときには、夜の6時11分になっているはずです。

だから私はこの、今まさに書いている原稿に取り組んでいるわけです。しっかりと今のうちにやっておけば、夜の6時10分過ぎごろには仕事から解放されているからです。これが目に見えて明らかであることほど、強い味方はいないのです。

ちなみに明日の状況はどうかというと、明日やらなければならないことはすでに今の段階で明らかです。明日やるべき総タスク数は110個。だいたいの数ではありません。ちょうど110個です。かかるであろう見積もり時間は12時間41分。明日は朝4時に起きる予定です。すると朝起きてすぐシャワーを浴びて（それにかかる時間は13分）から仕事に取りかかったとして、解放される時間は夕方の4時41分となります。毎日夜の6時まで仕事しているので、多少余裕がありますが、だからといって今書いているこの原稿を明日に送るべきではありません。明日の余裕はせいぜい1時間20分程度。飛び込みで仕事が発生したら吹き飛ぶような余裕です。娘が熱を出して病院に連れて行かなければならなくなるかもしれないし、実家の父がパソコンが壊れたと言って直すように命じてくるかもしれません。1時間ちょっとくらいの余裕は毎日見ておくべきなのです。ですからやはり、この仕事を明日に送るわけにもいかないのです。

ちなみに明後日はどうでしょう？　明後日は今確認したところ、総タスク見積もり時間が10時間と43分です。毎日14時間くらい活動しているので、ずいぶん余裕があります。ですが今カレンダーを見たところ、明後日には編集さんとの打ち合わせが入っています。打ち合わせには往復の移動時間が2時間。打ち合わせに1時間。計3時間はかかります。すると結局13時間43分という時間がタスクに必要で、余裕は全然ありません。やはり明後日に仕事を送るわけにもいかないのです。

人が「それ、明日やるから」と口にするとき、こうしたことをわかって言っているのでしょうか？　私はとても心配になります。こういうことがわからずにどうして計画というものを組むことができたり、3ヶ月後に仕事を仕上げていると請け合ったりできるのか、どうも私にはよくわかりません。

私が本書で紹介する仕事術を用いれば、これらが全部わかります。わかった暁にはモチベーションというもののありようが一変します。これまでのように「先々が不安だけどなぜか先送りしてきた」などということが一切なくなってしまうはずです。

2　ひたすら記録する

すべてのタスクの時間を見積もるとなると、必ず尋ねられるのが「どうしたらタスクにかかる時間を正確に見積もれるか？」ということです。

これに対する答えは決まっています。正確に見積もる必要は、そもそもないのです。

人というのは面白いもので、今までただ1つのタスクについてすら、正確な時間を見積

■図1-1

SUN 11. SEP – 11:52 h

★★★★★	メモインボックスゼロ	G1001セルフチャッ	18:34 min	18:00–18:19
★★★★★	日記系	G1001セルフチャッ	18:44 min	17:41–18:00
★★★★★	休憩	000000プライベート	17:31 min	17:22–17:40
★★★	執筆(なぜToodledo？)	D1991シゴタノ！	02:46 min	17:20–17:22
★★★	あすなろクローズ	B1992あすなろ	05:59 min	17:14–17:20
★★★★★	執筆		35:19 min	16:35–17:10
★★★	プールからスタンバイへ	D1992誠	07:07 min	16:27–16:35
★★★★★	スケジューリング	A1000スケジュール	06:07 min	16:21–16:27
★★★★★	なぜタスクシステムが必要なのか	C1630『タスクツー	39:43 min	15:41–16:20
★★★★★	休憩	000000プライベート	31:13 min	15:09–15:40
★★★	43フォルダー処理	A1002アナログ整理	17:14 min	14:52–15:09
★★★★★	休憩	000000プライベート	15:07 min	14:37–14:52
★★★★★	昼食	000000プライベート	01:09:21	13:28–14:37
★★★★★	読書記録	G1001セルフチャッ	19:12 min	13:09–13:28
★	記事作成	D1994E計画	25:01 min	12:44–13:09
★★★	原稿執筆		16:34 min	12:24–12:41
	ひげそり掃除	000000プライベート	02:13 min	12:22–12:24

もることをしてこなかった方でも、すべてのタスクの時間を見積もるということになると急に、すべてのタスクにかかる時間を「正確に」見積もらねばならぬ、と考えてしまうようです。

しかし、100個もあるタスクのすべての時間を正確に割り出そうとは無茶です。最初からそれを望むのは超能力者になろうというようなものです。

時間を見積もるために必要なことは、タスクにかかった時間を計測することです。1日のすべての行動の記録を、ただひたすらに記録します。私はそのためにToggl（補章で解説）というツールを使っています。Togglで記録すれば図1－1のような記録を簡単に残すことができます。

ただしこの記録を残す意味は、決して「見積もり時間を正確に割り出す」ためではありません。その目的もありますが、それだけではありません。見積もり時間はざっくりと割り出せばいいのです。1時間くらいかかりそうなタスクなら「見積もり1時間」にしておけばいいのです。実際にかかった時間を見れば、見積もり時間などすぐ修正できます。5日間もタスクにかかる時間を見積もっては実働するという習慣を繰り返せば、正確な見積もり時間が出てくるものなのです。

活動にかかった時間を計測する本当の意味は、見積もり時間を割り出すためというよりも、現実を知るためです。たとえば50時間かければ終わりそうだというプロジェクトがあったとしましょう。でも実際に1時間手がけてみたところ、とても50分の1は終わっていないということに気づかされることがあります。

つまり、50時間かかりそうなプロジェクトがあるから、大ざっぱに50日くらいかけて、毎日1時間ずつ手がけるというタスクを見積もっても、そもそも50時間で終わるという見通し自体が非現実的かもしれません。そういうことを詳しく知るためにも、まずはプロジェクトをやってみて記録をとるということをする必要があるはずです。

3 「今日やること」とは何か？

図1－2をご覧ください。これが、今日、たとえば9月15日（木）にやることのリストです。その中には、

- 毎日やること
- 毎週木曜にやること
- 毎月15日にやること
- 9月1日から9月30日までの間、可能なすべての日にやること
- 9月15日にやるように言われたこと

のすべてが入っているのです。このことは、明日16日にも明後日17日にも当てはまります。

要するに、毎日いろいろなことをやらなければならないから、安易に翌日や来週などに先送りすると大変なことになるわけです。そんなことはわかりきったことかもしれません

■図1-2

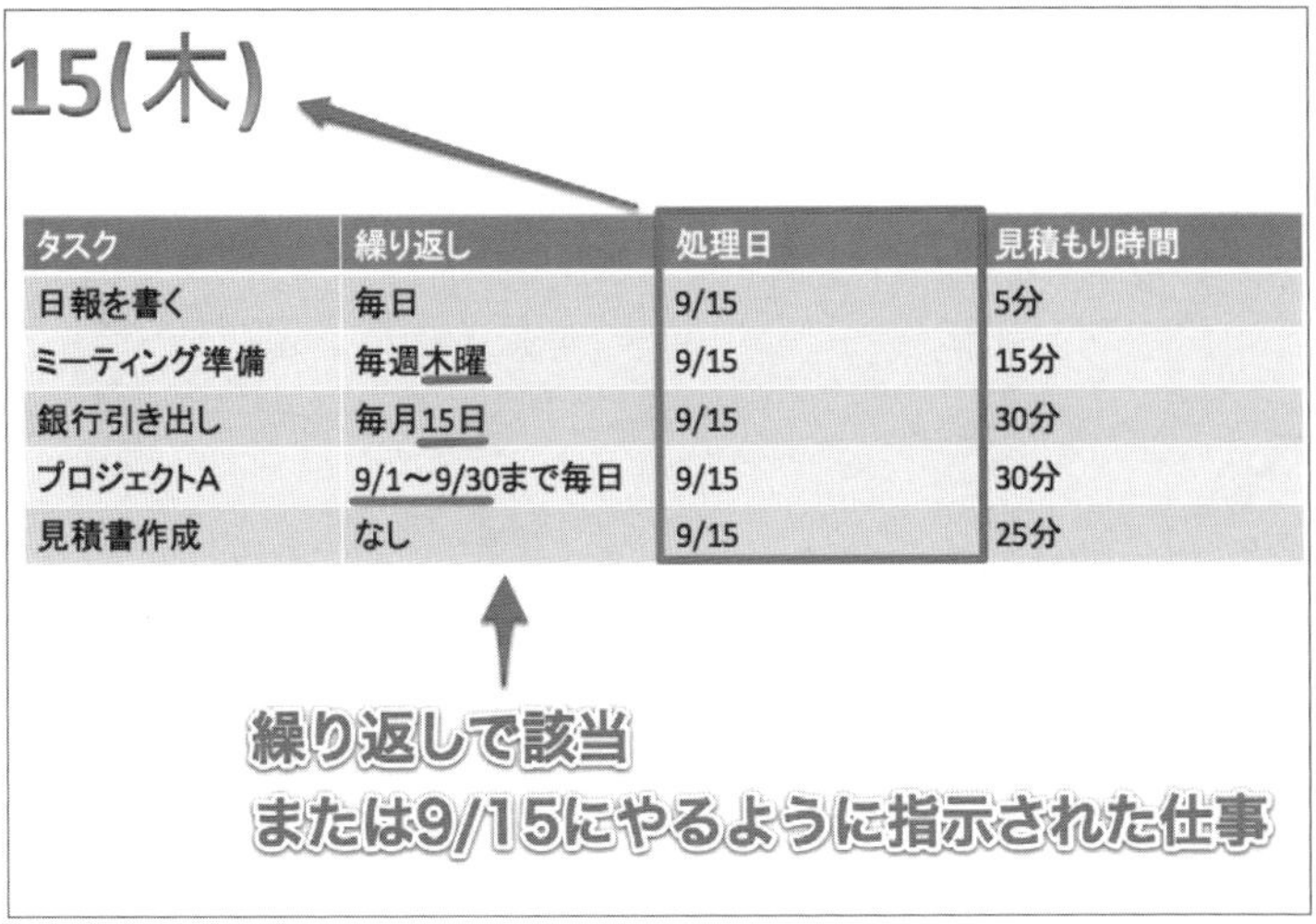

タスク	繰り返し	処理日	見積もり時間
日報を書く	毎日	9/15	5分
ミーティング準備	毎週木曜	9/15	15分
銀行引き出し	毎月15日	9/15	30分
プロジェクトA	9/1～9/30まで毎日	9/15	30分
見積書作成	なし	9/15	25分

が、人間はわかりきったことでも平気で無視します。それだけに、「明日はこんなにやることがあるのだ！」と声高に告げてくれる証拠が必要です。世のタスク管理ツールやＴｏＤｏリストの大半は、なぜかこのことを一切教えてくれません。それらにはただやることが書いてあるだけで、何も私のことを助けてくれはしないのです。

ただ私が愛用しているToodledoを中心としたタスク管理システムは違います。それはいつでもどこにいても私のことを助けてくれるのです。「明日やろうとするのも、明後日やろうとするのも、明明後日やろうとするのもいけないよ。そんなことをしようとしても、こんなふうになっているんだから」とはっきり教えてくれるのです。
私達には、私達を助けてくれるシステムが必要なのです。

Chapter 2

タスク管理システムの作り方

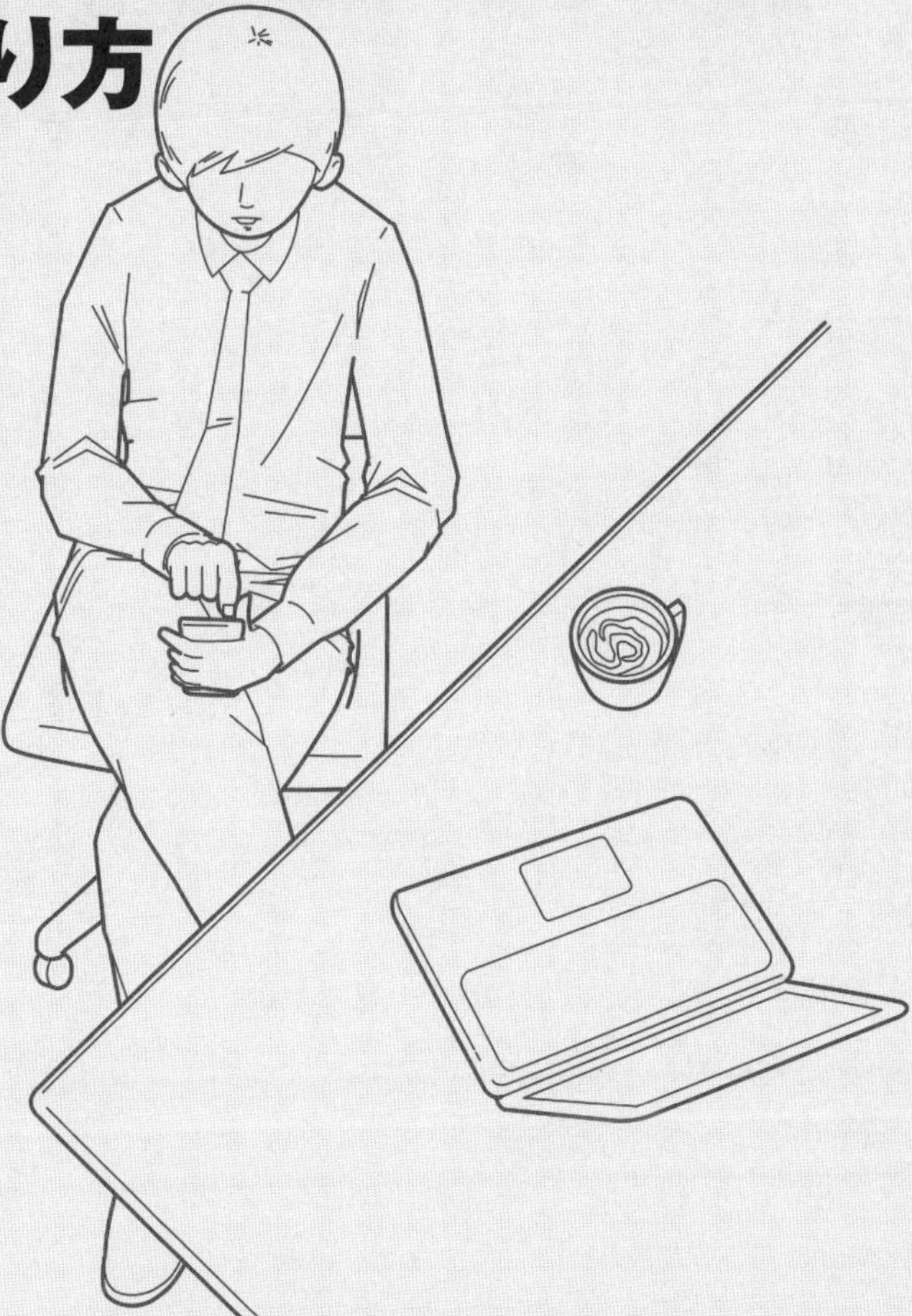

この章から本格的な「タスク管理システム」を作っていきます。そのために、私自身がふだんから実行している事例を用いて解説しましょう。

もちろん、私自身の例はあくまでもサンプルです。それを使ってより一般の方の役にも立つように、ツールの詳しい使い方なども交えて紹介します。

まずは、タスク管理システムでやるべきことを具体的に整理しましょう。大きく分けてタスク管理システムがやるべきことは3つあります。

❶やるべきことを確実にやること
❷やらざるを得ないことをタイミングよくやること
❸より大きな目的を達成すること

以上を順に見ていきます。

❶のやるべきこととは、たとえば人からの依頼であったり、果たすべき約束であったり、人と会う予定といったものです。つまり確実に果たせば他人からの信頼感が増す一方で、やり漏らすことで人から信頼されなくなるようなタスクのことです。

買い物、メール送信、銀行の振り込みなど、この種のタスクはいくらもあります。

これらのタスクを適切なツールやリストに「配置する」ことで、余計な気苦労から解放されます。タスクを実行するのに必要なタイミングまで、完璧に忘れ去っていられることが理想です。もちろん、心配性の人はタスクシステムに完璧に預けておいても忘れることはできないでしょうし、過度に楽観的な人は、タスクシステムに書かないくせに忘れてしまうでしょう。しかし理想的には完全に忘れておいて、最適なタイミングで完全に思い出せるようにすることです。

❷の、やらざるを得ないことをタイミングよくやるというのは❶と似ていますが違います。❶は主に他人と果たすべき約束です。❷は自分がどうしても毎日やらなければならないことです。

たとえば食事がそうですし、言ってしまえばトイレに行くなどということもここに含まれます。爪切りや給油も含まれます。「1秒も無駄にできない」人でもトイレには行かざるを得ないでしょう。

もう少し業務に近い例を挙げるなら、パソコンのメンテナンスやファイルのバックアップ、あるいは業務報告書の作成や請求書の郵送などがこれに当たります。これらについても❶と同じく、適切なタイミングが来るまでは忘れ去っているべきで、やるべき時が来たら無意識的に高速に終わらせるのが最善です。

この中の多くは「ルーチン化」つまり定型的な繰り返し作業に落とし込むことができます。❶との大きな違いはここにもあります。人の依頼は容易なことでルーチン化はできませんが、自分が毎日、あるいは毎週繰り返すことはルーチン化が容易です。そしてルーチン化するべきです。なぜならそうすることで時間が節約できますし、より楽に、より効率的に、より無理なくタスクをこなせるようになるからです。ルーチン化は紛れもなく時間を節約して生産性を高める鍵です。これを意欲的に工夫している人とそうでない人とでは、自由に使える時間が圧倒的に違ってきます。定型的なタスクをうまくルーチン化することも、タスク管理システムが担うべき重要な役割です。

❶や❷と異なるのが❸です。「より大きな目的」を達成するためにタスク管理システムを使うのです。人によってはそれを「夢」と呼ぶかもしれませんし、「転職」などのように非常に具体的な活動であるかもしれません。

本書ではこの「より大きな目的」のことを「プロジェクト」と呼ぶことにします。プロジェクトはプライベートにおいては「イベント」です。たとえば夏の沖縄旅行などがプロジェクトに当たります。いくつもの活動をバラバラに行うのではなく、1つの目的に向けて統合するわけです。いくつものタスクの束ねとなるのがプロジェクトです。

本書では❸の中身についてまで深く立ち入るつもりはありません。本書のようなジャンルの本はしばしば「ライフハック」と言われます。「ライフハック」の定義は意外に難しいのですが、私は「やりたいことをやるために、やり方を工夫すること」だと思っています。つまり、私たちが今までにやってきたことを、もっとうまくやれるように工夫することです。

仕事や生活の「やるべきこと」を短い時間で効率的にやれるようになれば、当然「余暇」が生まれます。その余暇に何をやるべきかについてまで、言及したいとは思いません。

ただ余暇に読者が「何をするか？」はタスク管理システムの範疇外ですが、タスク管理システムを使えば、余暇にすることをより効果的に行えるようにはできます。つまり、部屋のインテリアにもっと時間を使いたいということであろうと、もっと婚活に気合いを入れたいということであろうと、中身は何でもかまいません。余暇の時間をもっと効果的に活用することは、タスク管理システムでやれるということです。

「何か」をするためにタスク管理ツールを使う。「何をするか」については完全に読者の自由なのです。

本章の本題に入る前に、本書で取り扱う「タスク管理システム」の全体像と登場する用語、および利用するツールについて説明しておきます。全体像はかなり大きく複雑なため、最初に示しておかないとわかりにくくなることを危惧したためです。図2―1がタスク管理システムの全体像です。ここで登場する用語について簡単な解説を加えます。ここですべてを理解できなくても問題ありません。この全体像を本書1冊で説明していくからです。

■タスク管理システム

図の中のすべてを含むシステムです。どれか1つのツールをさして「タスク管理システム」なのではなく、すべてのツールを含んだ全体がシステムです。なお、図2―1には登場しきれていないツールもあります。

■プロジェクト管理ツール

プロジェクト管理ツールは、その名のとおりプロジェクトを管理するツールです。プロジェクトの下にはいくつかのタスクがぶら下がっています。私自身はプロジェクト管理ツールとして、ＭａｃのアプリであるOmniFocusを利用しています。

■図2-1

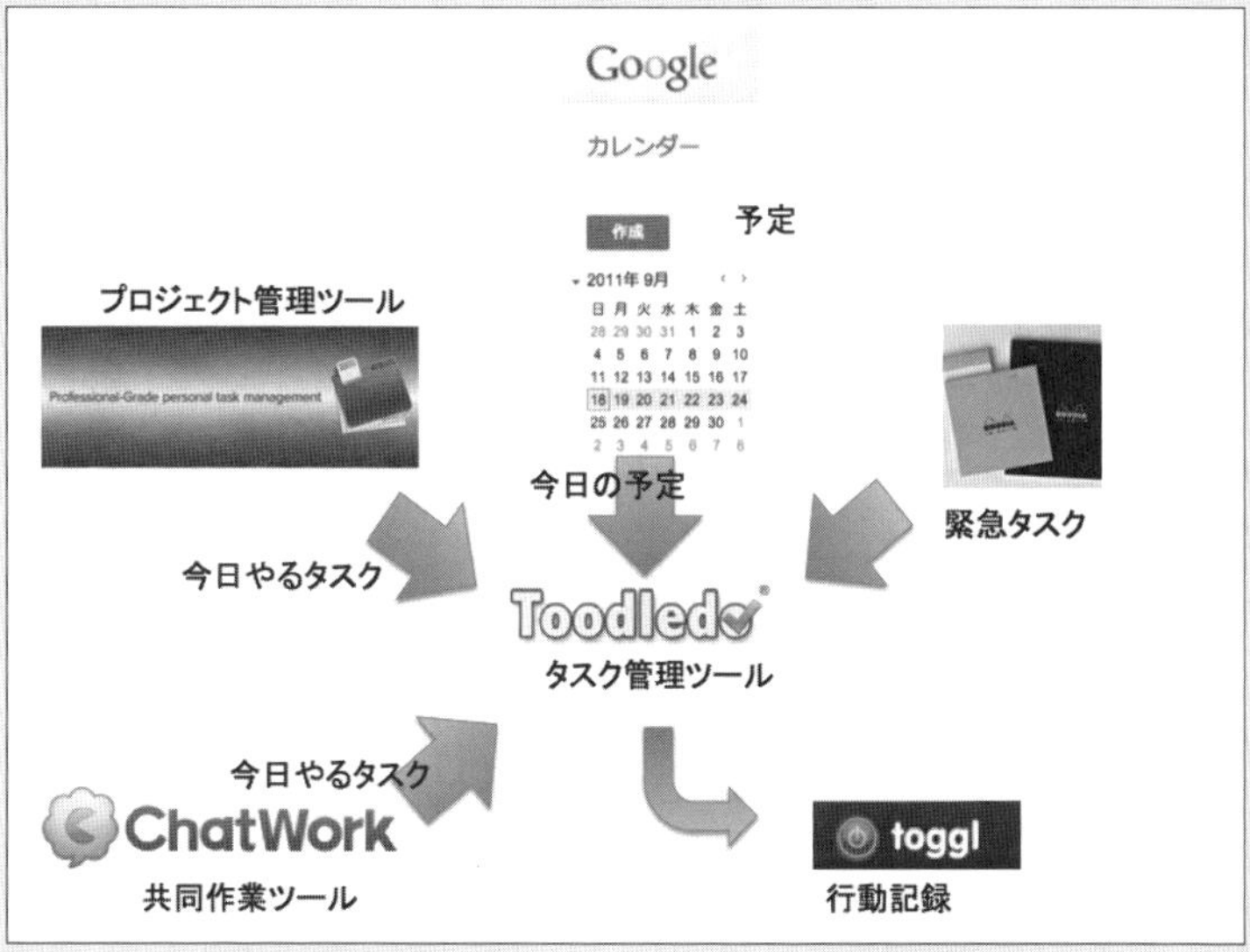

■**カレンダー**

カレンダーは予定を入力する場所です。紙のカレンダーもカレンダーの一種です。このあと本書で何度かお伝えするとおり「予定」と「タスク」の違いとは、開始日時が決まっているかどうかの違いです。私はカレンダーとしてGoogleカレンダーを使用しています。

■**緊急タスク**

その場で直ちに片付けることを求められたり、必要だと判断されたタスクです。このタスクはめったにデジタルツールに入ってきません。いわれてその場で作業をするときにはメモすら使いませんが、ちょっとでも間が空くときには私は紙のメモを利用しています。

■タスク管理ツール

タスク管理システムの中心に来るパーツです。基本的にはタスクリストであり、「今日やるタスク」と「今日の予定」を朝の4時に私はここに集めています。私がタスク管理ツールとして使っているツールは、Toodledoです。

■共同作業ツール

他の人と打ち合わせている最中「そういえばあのことも書いておいてくれると助かる」とか「今度のセミナーの時には名簿をもってきてください」などといわれることがあります。それらは口頭で告げられた「タスク」です。これをいったんプロジェクト管理ツール（OmniFocus）に入れてもいいのですが、私はチャット中のタスクはチャットツールの中でタスク化されるとよいと思っています。そのためにうってつけのツールがあります。ChatWorkというサービスです。私はこれを愛用しております。

■行動記録

行動記録はタスクを行ったという記録を残しておくためのものです。ノートでもけっこうでしょう。私はTogglというサービスを利用しています。

紙のメモを除き、私が使っているすべてのツールは、クラウドサービスです。つまり、家のパソコンからでも、外出中にiPhoneからでも、自分のタスク管理システムにアクセスできるようになっています。外出時にはしたがって、財布とiPhoneと紙のメモを必ず携帯します。

1 タスク管理ツールを選択する

ここからタスク管理ツールの話に入ります。本格的なタスク管理システムの要となる「タスク管理ツール」を選ぶところから始めましょう。

本書で「タスク管理ツール」と言うのは「実行時のタスクを管理する」ためのツールのことです。本書ではもう1つ、「プロジェクト管理ツール」も登場しますが「タスク管理ツール」と「プロジェクト管理ツール」は違うものだと理解してください。本書で「タスク管理システム」と言うのは「タスク管理ツール」「プロジェクト管理ツール」その他のツールも含んだ包括的なシステムのことです。

両者を一緒にするべきだ、という意見が一般的かもしれません。一般に「タスク管理ツール」と呼ばれているものを愛用している人は「これ1つで十分のはずだ」とおっしゃるかもしれません。でも私はそうは思いません。実行時に助けとなる「タスク管理ツール」と、より大きなプロジェクトをプランニングするための「プロジェクト管理ツール」は分けた方が無難です。分けることで運用上の手間は発生します。しかし一緒にしてもそれなりの手間は発生するのです。そして仮に「タスク管理ツール」と「プロジェクト管理ツール」だけを一緒にしたところで、タスクに関わるすべてのツールを一元化することはとうていできません。

なぜできないのかは図2－2を見ていただければよくわかると思います。

タスク管理ツールというのは、「プロジェクト管理ツール」、カレンダー、ファイルなどの参照資料、メールで発生したタスクを集め、もれなく実行するためのリストを用意するツールのことです。このすべてを一元化しようとすれば、そのツールで予定を管理し、メールを管理し、ファイルも管理し、ウェブクリップなどの資料も管理し、そしてタスクも管理しなければなりません。そのようなツールは扱うデータが肥大化して動作が

■図2-2　タスク管理システムの全容

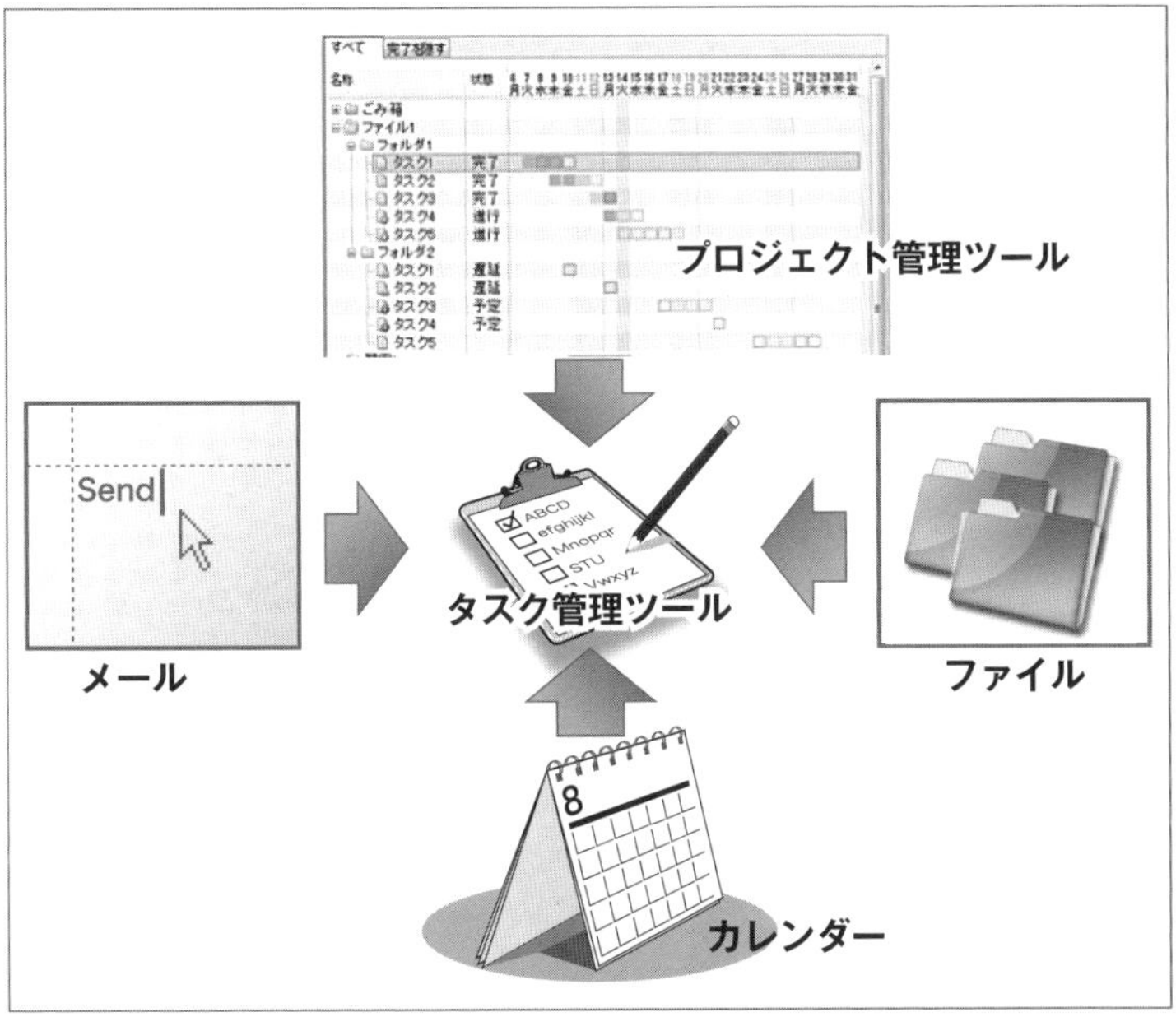

緩慢になり、ほとんどの人にとってどう扱っていいかわからないものになるでしょう。

タスク管理ツールは、タスク管理システムの中心に位置づけられるツールです。実際に何らかの行動を起こす時は、このリストを見ます。このリストを見れば、起こすべき行動は明らかになり、その際参照すべき資料も明らかになります。

参考までに私自身のタスク管理ツール（図2―3、図2―4）をお見せします。私はこれを見れば今するべきことがすぐに明らかになります。

AとかBとかCとかいう記号は時間帯の区切りです。

A＝朝4時から6時
B＝朝6時から8時
C＝朝8時から10時
D＝10時から12時
E＝12時から14時
F＝14時から16時
G＝16時から18時

■図2-3

Folder	Task	Length	Repeat	Context^	Due Dat
A=4-6					
000001日次スタート	Omnifocusから「ちゃんと」移す	4 mins	Daily	A=4-6	Today
000002日次レビュー	前日のレビュー。OmniFocusを見る！	10 mins	Daily	A=4-6	Today
210630『タスクツール』	原稿執筆	45 mins	Daily	A=4-6	Today
No Folder	photoログを撮る	1 min	Daily	A=4-6	Today
No Folder	前日クロージング	none	Daily	A=4-6	Today
No Folder	マインドマップにライフログ	none	Daily	A=4-6	Today
No Folder	プロジェクトの約束事をEvernoteのタグでチ…	2 mins	Daily	A=4-6	Today
No Folder	43フォルダーから「今日トレイ」へ移動	1 min	Daily	A=4-6	Today
No Folder	プロジェクトの約束事をCWチェック	2 mins	Daily	A=4-6	Today
No Folder	Evernoteバックアップ	1 min	Daily	A=4-6	Today
No Folder	todBIGをチェック	1 min	Daily	A=4-6	Today
No Folder	来週分の【曜日】に変える	2 mins	Daily	A=4-6	Today
No Folder	task force	3 mins	Daily	A=4-6	Today
No Folder	予定表作成	8 mins	Daily	A=4-6	Today
No Folder	シャワー	20 mins	Daily	A=4-6	Today
B=6-8					
444401MHブログ	1記事目から再整理しつつ書く	25 mins	Daily	B=6-8	Today
444402あすなろ	「日刊のきぱ」があすなろ・MHネタ帳タグ	15 mins	Daily	B=6-8	Today
444405BP	原稿戻り修正	25 mins	Weekly	B=6-8	Today
666601AI		5 mins	Daily	B=6-8	Today
880000読書	書籍買い物チェック	1 min	Daily	B=6-8	Today
No Folder	ストレスがあったらキャッチへ	none	Daily	B=6-8	Today
No Folder	モレスキンにユビキタス	2 mins	Daily	B=6-8	Today
No Folder	photoログを撮る	1 min	Daily	B=6-8	Today
No Folder		none	Daily	B=6-8	Today
No Folder	Twit【心理ネタ】	20 mins	Daily	B=6-8	Today
No Folder	43フォルダー処理	15 mins	Daily	B=6-8	Today
No Folder	メール整理	10 mins	Daily	B=6-8	Today
No Folder	メニューバーからEvernoteを終了させる(air)	10 mins	None	B=6-8	Today
No Folder	60万円で買うものをピックアップ	5 mins	Daily	B=6-8	Today
No Folder	ライフハックチェック5分	5 mins	Daily	B=6-8	Today
No Folder	買い物カゴチェック5分	5 mins	Daily	B=6-8	Today
No Folder	散歩	15 mins	Daily	B=6-8	Today
No Folder	Toggl	none	Daily	B=6-8	Today
C=8-10					

■図2-4

C=8-10					
000001日次スタート	朝イチチェック【domo】	4 mins	Daily	C=8-10	Today
No Folder	朝食	1.5 hours	Daily	C=8-10	Today
No Folder	photoログを撮る	1 min	Daily	C=8-10	Today
No Folder	肩回し左右100回・クビ回し10回ずつ	10 mins	Daily	C=8-10	Today
No Folder	唇噛まないように気をつける	none	Every 3 …	C=8-10	Today
D=10-12					
444404誠	執筆	25 mins	Weekly	D=10-12	Today
555501SH研究会	10時スカイプ	40 mins	Every M…	D=10-12	Today
880000読書	読書	40 mins	Daily	D=10-12	Today
No Folder	コンにピンクのＣＤ	5 mins	None	D=10-12	Today
No Folder	photoログを撮る	1 min	Daily	D=10-12	Today
No Folder	マインドマップにライフログ	none	Daily	D=10-12	Today
No Folder	TEテンプレートとクリップボードからeClip…	none	Every M…	D=10-12	Today
No Folder	家計簿を付ける	10 mins	Daily	D=10-12	Today
No Folder		15 mins	None	D=10-12	Today
E=12-14					
	タスクシュートファンページ	5 mins	Daily	E=12-14	Today
880000読書	読書	40 mins	Daily	D=10-12	Today
No Folder	終了予定をTwit	none	Every M…	E=12-14	Today
No Folder		none	None	E=12-14	Today
No Folder	Toggl	none	Daily	E=12-14	Today
No Folder	photoログを撮る	1 min	Daily	E=12-14	Today
No Folder	モレスキンにユビキタス	2 mins	Daily	E=12-14	Today
No Folder	昼食	1.5 hours	Every M…	E=12-14	Today
No Folder	本を買う	10 mins	Weekly	E=12-14	Today
F=14-16					
210630『iPhone習慣術』	アプリを使って原稿の下書き	35 mins	Daily	F=14-16	Today
210630『iPhone習慣術』	実験開始	none	Daily	F=14-16	Today
444406E計画	執筆＋Evernoteチェック	12 mins	Every M…	F=14-16	Today
550611大掃除週間	Omnifocusの「掃除」を実行する	20 mins	Every T…	F=14-16	Today
No Folder	マインドマップにライフログ	none	Daily	F=14-16	Today
No Folder	マウスのほこり取り	10 mins	Monthly	F=14-16	Today
No Folder		2 mins	Daily	F=14-16	Today
G=16-18					
444403シゴタノ	執筆	25 mins	Weekly	G=16-18	Today
550711先送り記事(アイ…	原稿執筆	17 mins	Daily	G=16-18	Today
	税務処理	15 mins	Daily	G=16-18	Today
		none	Daily	G=16-18	Today
No Folder	受信トレイをゼロにする	15 mins	Daily	G=16-18	Today
No Folder	散歩	30 mins	Daily	G=16-18	Today

18時以後は娘を風呂に入れて夕食をとって寝るだけですから仕事は入りません。したがって18時までに管理すべきタスクのすべてがあることになります。

一般的にタスク管理ツールとして何を選ぶかは、決して簡単な問題ではありません。まずデジタルを選ぶか紙にするかという問題がありますが、私はデジタルをお勧めします。理由はいくつかありますが、特に2つだけを挙げます。

- リストはここでご覧いただいたとおり長いリストになるので、紙で済ますとなると大きなノートが必要になって持ち運びに不便
- リストには繰り返し作業がたくさん書き込まれるので紙のノートではかなり不便な事態が発生する。たとえばノートの最初のページに「毎日繰り返すこと」を書き入れ、次のページから「月曜にやること」「火曜にやること」と書き足していく方法が考えられるが、その内容が変化するたびに書き足したり消したりしなければならない。デジタルツールならWeeklyなどと設定するだけですむ（図2－5参照）。

要するに紙のノートだとどうしても「大きくて分厚いノート」を使うようになってしまうわけです。ポケットに入り150g未満のスマートフォンが膨大なデータ容量を持つこ

■図2-5

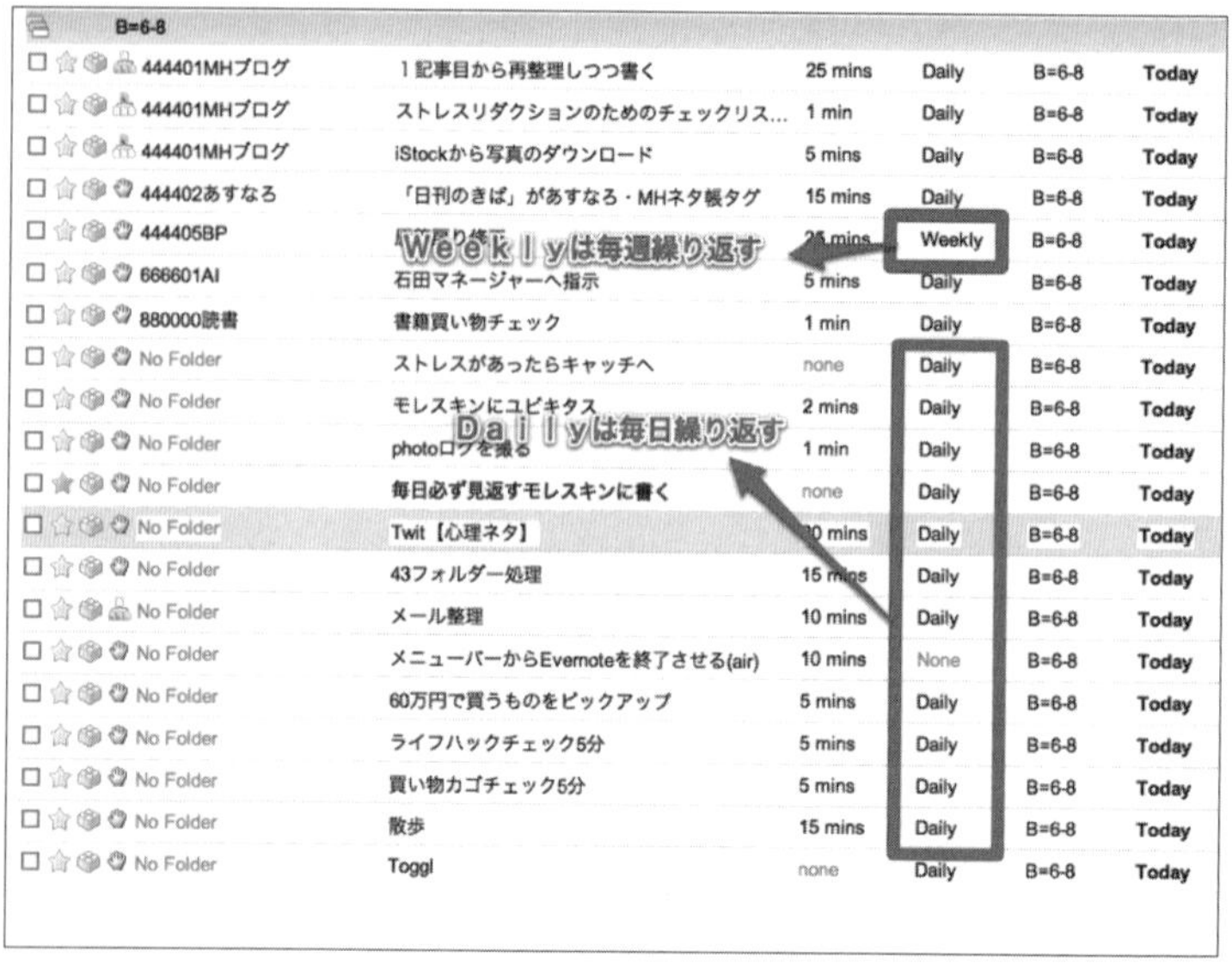

とを考えますと、今、分厚くて大判のノートを持ち歩くべき理由が見あたらないのです。ただしデジタル・アナログの選択には趣味的な要素も絡んでいます。不便を考慮しても紙が好き、という人に取り立てて反対する理由もありません。デジタルで今やっていることを紙で済ませることは私にはムリですが、理論的には可能です。

タスク管理ツールにデジタルを選択するとして、デジタルの中からどんなツールを選べばいいのかという問題があります。何しろこのタイプのアプリは数が多いからです。

しかし次の3つの条件を満たすツールを選ぶことにすると、今度は少なすぎて困るほどになります。

❶スマートフォンとウェブブラウザで利用できる
❷タスクごとに時間が見積もれる
❸保存された検索（スマートフォルダ）を利用できる

この3条件を満たすツールは私の知る限り、

- Toodledo
- Remember The Milk

この2つしかありません。
なぜこのような厳しい条件を満たす必要があるかについて順を追って説明しましょう。

❶ スマートフォンとウェブブラウザで利用できる

第一にこの条件です。クラウド[1]で利用できなければならない、と言い換えても良さそうですが、クラウドで利用できればそれでOKとはいきません。タスク管理ツールは行動を起こす際に使うものです。特にスマートフォンで使う時には、動作が軽快でないとストレスになります。

つまり「スマートフォンで利用できる」には、スマートフォンに専用のアプリケーションが用意されていないといけないわけです。そのうえインターネット上のデータとの「同期」が、データ量が多くてもすぐに終わってくれないと困ります。私の経験で言いますと、終わっていないタスクと終わったタスクを合わせた数が1万を超えたとしても、同期が30秒以内で終わってくれるのが理想です。厳密に言うとそのようなツールはありません。しかし先に挙げた2つのツールは、マメに同期を取ればかなり優秀な部類に入ります。

スマートフォンでは専用アプリを利用する一方、ウィンドウズPCやMac上ではよほど古い機種でない限りブラウザからタスク管理できるものがいちばんです。ブラウザで管理できるということは、専用アプリがインストールされていないパソコンからでもタスク管理できるからです。

1　データをインターネットで扱うことのできるサーバ上におくこと。同一のタスクリストをどのパソコンでもスマートフォンでも扱うことができるし変更すればすぐに反映される。

❷ タスクごとに時間が見積もれる

実行時のタスクリストにはタスクにかかる時間予測が欠かせません。予測どおりにタスクが終わるとは限りませんが、ある程度見積もりを立てておかないと、午前中にできもしないほどの大量のタスクをリストに並べたりしてリストが機能しなくなります。

どうも私たちは「タスクリストに書きさえすれば仕事が進む」と思うところがあるらしく、むやみやたらと詰め込んだタスク満載のリストを作り出したあげく「こんなにできるわけがない」とリストを投げ出したりします。

このような結末を避けるには、タスクにかかる時間を見積もる必要があるわけです。午前9時に業務が始まるなら、午前中に使える時間は180分だけです。30分かかるタスクは6つしかさばけないのです。

ところがタスクごとに時間を見積もれるタスク管理ツールは驚くほど少ないのです。すでに挙げた3つのツールの他には、大橋悦夫さん[2]が開発されたTaskChuteか、Nozbeくらいしか有名どころでは見あたりません。しかもNozbeの場合、次の図2−6のようにかなりおおざっぱにしか見積もり時間を設定できません。

私は1分単位で時間を見積もります。それが必要だと思っています。その理由は後ほど

2　ブログ「シゴタノ！」の管理人。『スピードハックス』（日本実業出版社）などの著書がある。

■図2-6

述べますが、たとえ私のやり方が「細かすぎる」のだとしても、Nozbeの選択設定はおおざっぱすぎます。そもそも数字を入力すれば事足りるはずの見積もり時間設定を選択方式にするメリットがありません。

TaskChuteは「時間を見積もる」という意味では最も優れたタスク管理ツールです。私はそもそも「タスクごとに時間を見積もらなければ仕事は進まない」ということをTaskChuteによって学びました。ただTaskChuteはMicrosoftのエクセルをベースに設計されています。ですからインターネットブラウザで利用できないのです。

逆に言うと、持ち出してタスクを管理することはほとんどなく、仕事は常にオフィスや自宅など一カ所でやるというケースではTaskChuteでもいいでしょう。

もしiPhoneをお持ちであれば浅田義和さんが開発されたiTaskChute[3]を使うことも可能です。これはTaskChuteのiPhone版で、タスクごとの見積もり時間を入力すれば、その和を自動計算してくれるタスク管理ソフトです。

3 iTaskChute
http://itunes.apple.com/jp/app/itaskchute/id430533410?mt=8

❸ 保存された検索（スマートフォルダ）を利用できる

「スマートフォルダ」とは、「検索条件に合致したタスクだけを表示する」機能のことです。「そんな機能をなんで使うのか？」とよく尋ねられるのですが、スマートフォルダを使うことこそ個人がパソコンを使う意義だと私はずっと思ってきました。

スマートフォルダとは、必要な情報以外を「隠す」ためのものなのです。ちゃんと使い込めばタスクリストなどというものは、完了と未完了を合わせてすぐ1000件を突破します。しかし少なくともデジタルツールを使う限り、タスクリストは未完了のタスクのみが表示されるはずです（図2−7）。

しかしこれは「隠されている」のであって「なくなっている」のではありません。「すべてを表示」に

■図2-7

	G=16-18	
☐ ☆ 🐢 ✋	000001日次レビュー	OmniFocusを見る！
☐ ☆ 🐢 ✋		メールへの質問に答えておく
☐ ☆ 🐢 ✋	No Folder	MHネタ帳「Everタグ」へ
☐ ☆ 🐢 ✋	No Folder	クロージング
☐ ☆ 🐢 ✋	No Folder	Evernote.in-boxをゼロに
☐ ☆ 🐢 ✋	No Folder	DoingリストをToodledoへ
☐ ☆ 🐢 ✋	No Folder	Toodledoのバックアップ
☐ ☆ 🐢 ✋	No Folder	09【09-in-box】整理（二日分）
☐ ☆ 🐢 ✋	No Folder	43フォルダー処理

すれば図2−8−1のようになります。チェックのついているタスクもリストに表示されるわけです。

「完了したタスクを隠す」のは当然として、デジタルツールを使う以上、もっと他の条件も細かく指定できた方が便利です。「今日」の「午前中」の「未完了」タスクだけを条件にして絞り込めば、午前中にやることだけがリストアップされるべきです。「今日」の「未完了」タスクで「新規の企画」に関係するタス

■図2-8-1

■図2-8-2

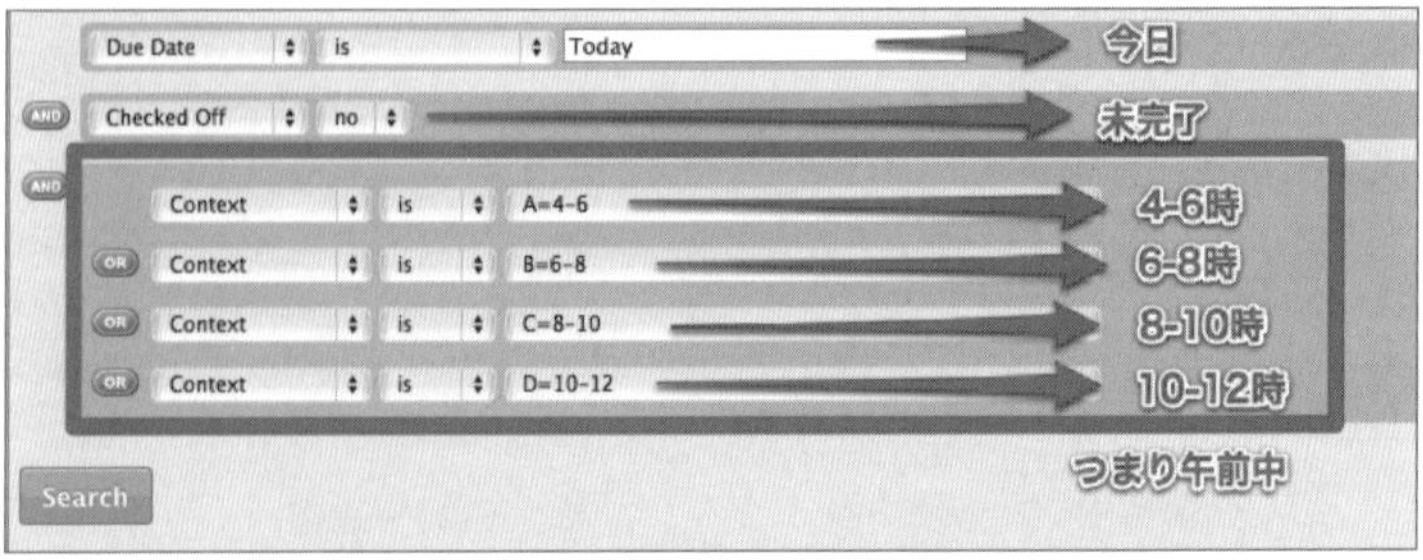

クだけを絞り込めばそのためのタスクだけが表示されるべきです（図2－8－2）。そういうリストがあれば「この企画について今日の午前中にやることがこれだけでは足りないな」と判断材料にすることもできるのです。

2 Toodledoで実例紹介

さらにツールを実際に使った具体的な話に進みましょう。先に挙げた3つの条件が、たとえば私が使っているToodledoではどのように満たされているかを紹介します。

❶ スマートフォンとウェブブラウザで利用できる

この第1番目の条件は完全に満たしています。

ウィンドウズPCやMacでは、ウェブブラウザからのみToodledoを使うことがふつうです。速度もそれで十分で、動作も安定しています。

図2－9は私の今日の午後からのタスクリストですが、ウェブブラウザから見ています。

Macから見ても、ウィンドウズから見ても、内容はまったく同一です。仮に「昼食」にチェックを付けてみます（図2―10）。

そうすると同期を取るまでもなく、この内容がオンライン上で反映されます。つまり、ウィンドウズからこのリストを見てもiPhoneから見てもiPadから見ても、「昼食」にチェックが入っているわけです。

これがブラウザでタスク管理することの大きなアドバンテージです。「同期」を取る手間がいらないのです。

ただ、iPhoneなどのスマートフォンだとやはりブラウザ上でToodledoを使うのにいささか非力です。つまり動作が遅かったり、チェックボックスにきちんとチェックが入れにくかったりします。ですからス

■図2-9

Folder	Task	Length	Repea
E=12-14			
222201あすなろ	MHネタ帳タグから選ぶ	15 mins	Daily
222202シゴタノ	ラフ	20 mins	Weekl
No Folder	みめの髪切り	none	None
No Folder	MHネタ帳「Everタグ」へ	none	Daily
No Folder	Toggl	none	Daily
No Folder	モレスキンにユビキタス	2 mins	Daily
No Folder	終了予定をTwit	none	Every
No Folder	マインドマップにライフログ	none	Daily
No Folder	昼食	1.5 hours	Every
No Context			

■図2-10

☐	No Folder	終了予定をTwit
☐	No Folder	マインドマップにライフログ
☑	No Folder	昼食

マートフォンではToodledoの専用アプリを使うのが現実的でしょう。

幸いiPhone用には公式のToodledoアプリが出ていますし、Android用にはTodoToday Pro for Toodledo[4]などのアプリが存在します。もちろんそれらのアプリを利用した場合「同期」しないとウェブブラウザの編集内容が反映されませんが、通信ができるスマートフォンならばタスクリストの同期にそれほど時間がかかりません。

❷ タスクごとに時間が見積もれる

私がToodledoを愛用している理由はこれです。後述しますが私は一週間先までのすべてのタスクにかかる時間を見積もっています。したがって厳密には、リスト上のすべてのタスクを終えた時、一週間後の何時頃になるかの推測がつきます。もちろん誤差はありますが、読者のみなさんが想像されるほど大きな狂いは生じません。

たとえば今は2011年5月15日（日）の11時50分です。図2－11のとおり、このままタスクを見積もり時間どおりに進めていけば17時37分に仕事としてやらなければならないことは完了します。つまり私の場合ですと、17時37分になったら1歳7ヶ月になる娘を風呂に入れることになるわけです。17時37分以後はプライベートのタスクが控えているわけ

4　Todo Today Pro for Toodledo（https://market.android.com/details?id=jabanaki.todo.toodledo.pro&hl=ja）

です。

Toodledoを使えばこのようなことが簡単にわかります。図2－12のようにタスク入力時にLengthつまり見積もり時間を入力できるからです。一見したところいかにも入力項目が多く見えますが、実はさほど多くないのです。どうしても入れておくべきは、「タスク名」「締切日」それから「見積もり時間」くらいです。

■図2-11

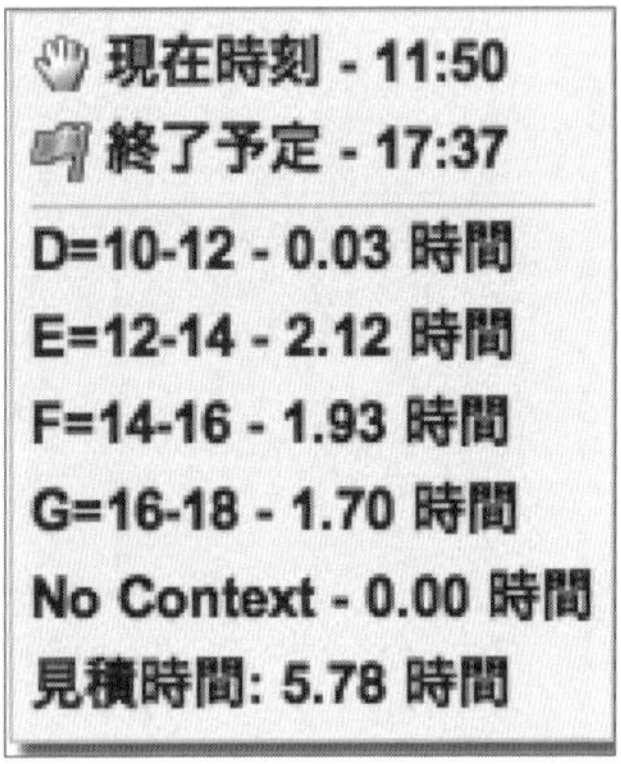

これだけでも情報を入力していけば、「今日1日にやるべきタスクのリスト」ができるだけでなく、全部やった時にかかる総時間数が自動で算出されます。Toodledoのリストの一番下には図2－13のような5.8 hoursという数字が示されます。
この時間を「現在時刻」に足せば図2－11で示すとおり、「今日の業務の終了予定時刻」がわかるわけです。もっとも、11時50分に、5時間48分を足すのは面倒くさいでしょう。それをやってくれるツールもあります。EndTime2というブックマークレットで次のURLから入手できます。わかりやすい説明もついています。

5　平田篤史さんの開発。平田さんはToodledo Tips Blogで情報発信されている。

■図2-12

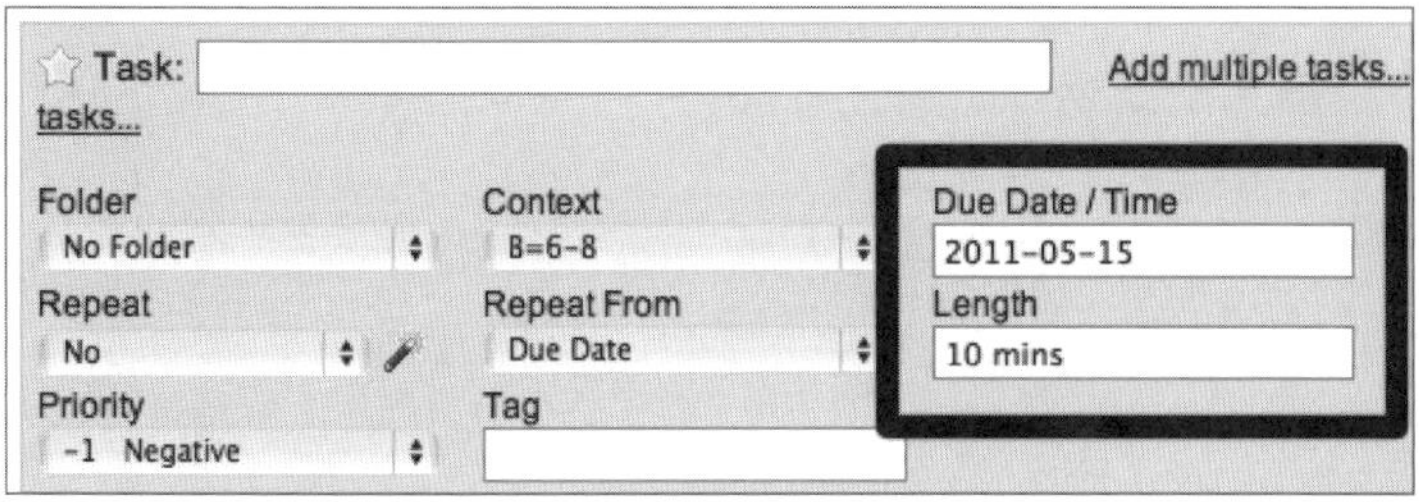

■図2-13

http://blog.toodledotips.jp/?p=206

Toodledo はiPhoneやiPadなどのウェブブラウザでも使えますし、EndTime2もiPhoneでも利用できます。つまり以上を使えばどこにいても「今日の業務の終了予定時刻」を確認できるというわけです。

❸保存された検索（スマートフォルダ）を利用できる

たとえば図2－14のリストには「今日やることの中で、20分以上かかりそうなタスク」だけを抽出してあります。このように特定の条件に合致するタスクだけを見つけだすにはスマートフォルダが便利です。

Toodledoでは非常に細かい検索条件を設

定できます。それを保存しておくこともできます。

たとえば図2―15のような条件設定がいくらでも作り出せます。これがあるために私は、「4日後の午後3時頃に何をしていてどれくらい忙しそうか」が今この瞬間と同じくらいよくわかります。おかげで打ち合わせの約束や、新しい仕事をいつやればいいかなどを簡単に決められるわけです。

最もシンプルに考えるなら
■今日やるタスク
■タスクごとにかかる時間
を全部入れればいい

以上のようにToodledoを使えば「今日1日のタスクリスト」は容易に作ることができます。最もシンプルに考えるなら「今日やるべきこと」と「それにかかりそうな時間」をどんどん入力していけばいいだけなのです。

ただ、いくら「今日やるタスク」と「それにかかる見積もり時間」を入力すればいいといっても、毎日それを繰り返すのは、非常に非効率的です。その理由として第1に「毎日繰り返すタスク」を毎日改めて書くのは無駄だからです。第2にその方法では1日以上かかる大型プロジェクトをうまく扱えません。第3にそのリストは長大なものになるので、1日の終わりの方になって、朝一番にやるべきことが見つかったりすると大変で

■図2-14

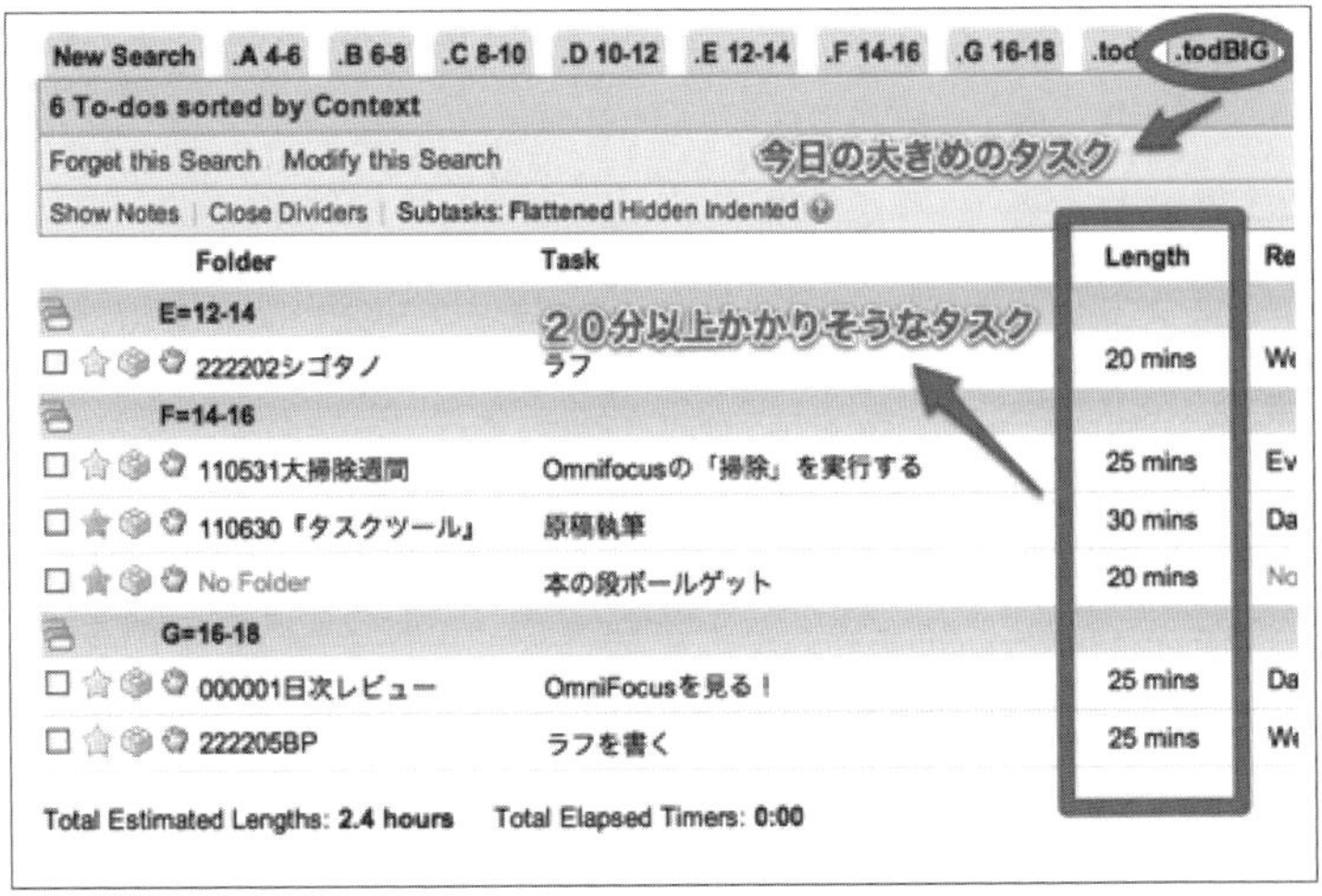
New Search
.A 4-6
.B 6-8
.C 8-10
.D 10-12
.E 12-14
.F 14-16
.G 16-18
.todBIG
6 To-dos sorted by Context
Forget this Search Modify this Search
今日の大きめのタスク
Show Notes | Close Dividers | Subtasks: Flattened Hidden Indented
Folder
Task
Length
E=12-14
20分以上かかりそうなタスク
222202シゴタノ ラフ 20 mins
F=14-16
110531大掃除週間 Omnifocusの「掃除」を実行する 25 mins
110630『タスクツール』 原稿執筆 30 mins
No Folder 本の段ボールゲット 20 mins
G=16-18
000001日次レビュー OmniFocusを見る！ 25 mins
222205BP ラフを書く 25 mins
Total Estimated Lengths: 2.4 hours Total Elapsed Timers: 0:00

■図2-15

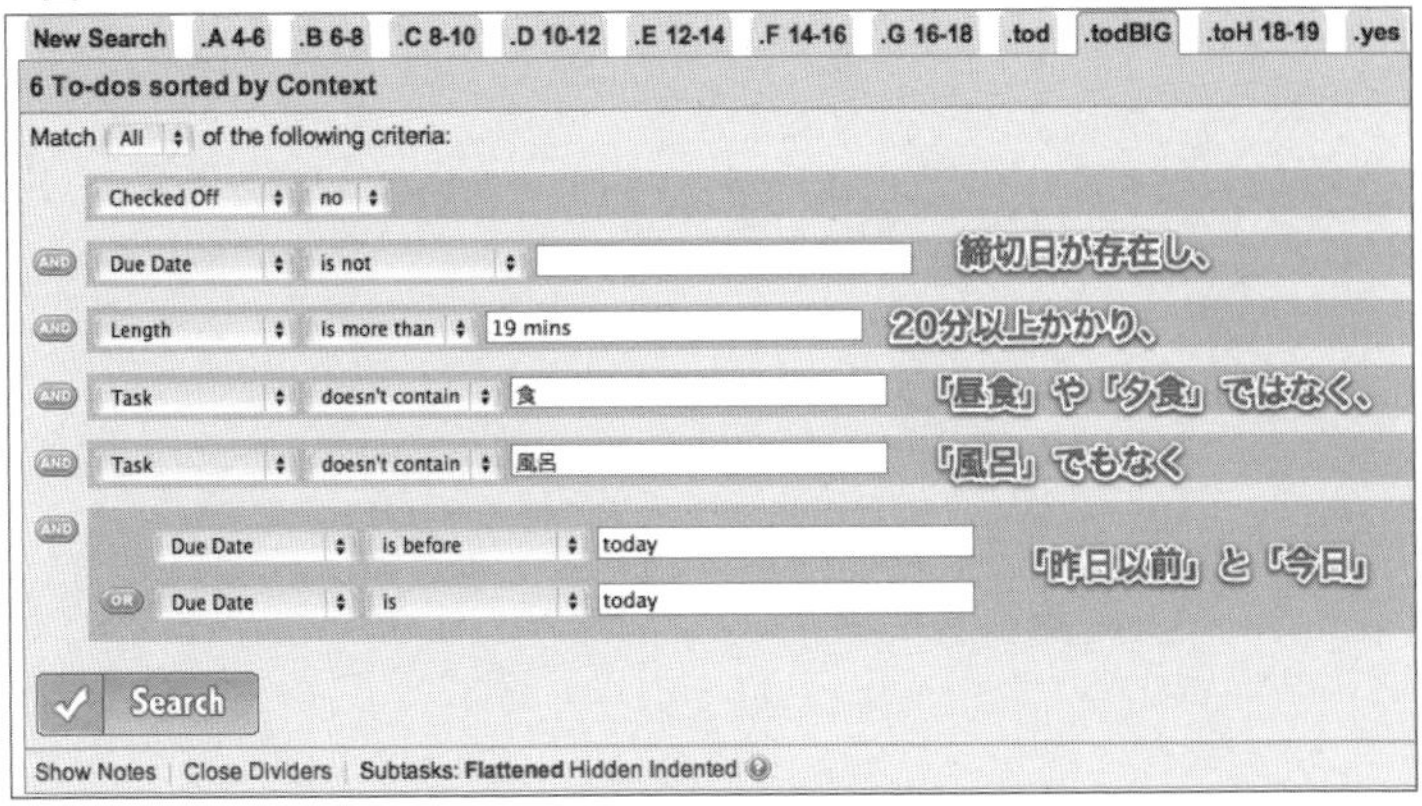
New Search
.A 4-6
.B 6-8
.C 8-10
.D 10-12
.E 12-14
.F 14-16
.G 16-18
.tod
.todBIG
.toH 18-19
.yes
6 To-dos sorted by Context
Match All of the following criteria:
Checked Off no
Due Date is not
締切日が存在し、
Length is more than 19 mins
20分以上かかり、
Task doesn't contain 食
「昼食」や「夕食」ではなく、
Task doesn't contain 風呂
「風呂」でもなく
Due Date is before today
Due Date is today
「昨日以前」と「今日」
Search
Show Notes | Close Dividers | Subtasks: Flattened Hidden Indented

す。これが紙ではなくデジタルでタスクを管理すべき理由です。

今、「1日以上かかる大型プロジェクトをうまく扱えない」と書きました。たとえデジタルツールを使ったとしても、「タスク管理ツール」だけではやりにくいことがあるわけです。そこで必要なのが「プロジェクト管理ツール」です。

実際のアクションを管理するタスク管理ツール。

長期間のプランも一緒に管理するプロジェクト管理ツール。

この2つは違うと述べたことを覚えていらっしゃいますか?

この「タスク管理ツール」と「プロジェクト管理ツール」をまとめて扱うのが「タスク管理システム」です。そこに含まれるものをもう一度ここで整理しましょう。

「タスク管理システム」には次のものが必要です。

■タスク管理ツール

これがメインのタスクリストになります。ここまでで説明してきたものです。

■プロジェクト管理ツール

1日ではとうてい終わらないような大きなプロジェクトからは、たくさんのタスクが発生します。それは毎日少しずつ片付けていくのがいいでしょう。タスクは「今日やることリスト」と連動させなければなりません。この問題は次の第3章で扱います。

■ルーチンタスクリスト

いわゆる「繰り返しタスク」を扱うリストです。これは「今日やることリスト」に自動的に組み込まれた方がいいでしょう。Toodledoなどを使えば可能です。この問題は第4章で詳しく扱います。

■カレンダー

予定を扱います。予定とタスクをまぜこぜにしている人はたくさんいますが、予定とタスクには大きな違いがあります。

予定　開始時刻が決まっている
タスク　開始時刻は決まっていない

予定をタスクとして扱うことは可能です。たとえば午後1時から2時までの会議は「会議」というタスクで「見積もり時間は1時間」です。しかしこのタスクには「開始時刻が13時」という情報も必要です。

カレンダーも「今日やることリスト」と連動しなければなりません。

■参照資料

ファイルやメールのような参照資料には、事実上の「タスク」が含まれています。典型的には「要返信メール」はすなわちタスクです。また、タスクを実行するにはいろいろな資料を参照する必要もあります。「新しい企画書について検討する」というタスクを実行するためには、「新しい企画書」がしかるべきところに保存されていて、それを参照する必要があるはずです。

3 タスク管理システム全体を回避する

以上のようなタスク管理システムはすでに本章の冒頭で触れておきました。図2−16もすでに紹介済みのものです。図2−17は図2−16とそっくりです。ただ、矢印の向きが逆になっています。

「タスク管理ツール」にはたしかに、プロジェクト管理ツールやメールから「タスク」が入ってくるのです。それが図2−16の意味です。

しかし、「タスク管理ツール」からプロジェクト管理ツールをチェックしたり、メールを処理する必要を検討する必要もあるのです。それが図2−17の意味です。

少なくとも1日に一度は、プロジェクト管理ツール、参照用ファイル、カレンダー、メールをチェックする必要があるはずです。ということは「今日のタスクリスト」を見ればそれぞれを回遊するという「タスク」を実行できるというようになっていなければなりません。

私自身の例ではToodledoの「今日やることリスト」が中央の「タスク管理ツール」です。そこからプロジェクト管理ツールと位置づけているOmniFocusやGoogleカレンダー、Gmailを回遊することになっています。

タスク管理ツール

- □タスク管理システムの回遊
  - □プロジェクト管理ツールをチェックする
  - □参照資料をチェックする
  - □カレンダーをチェックする
  - □メールをチェックする

■図2-16

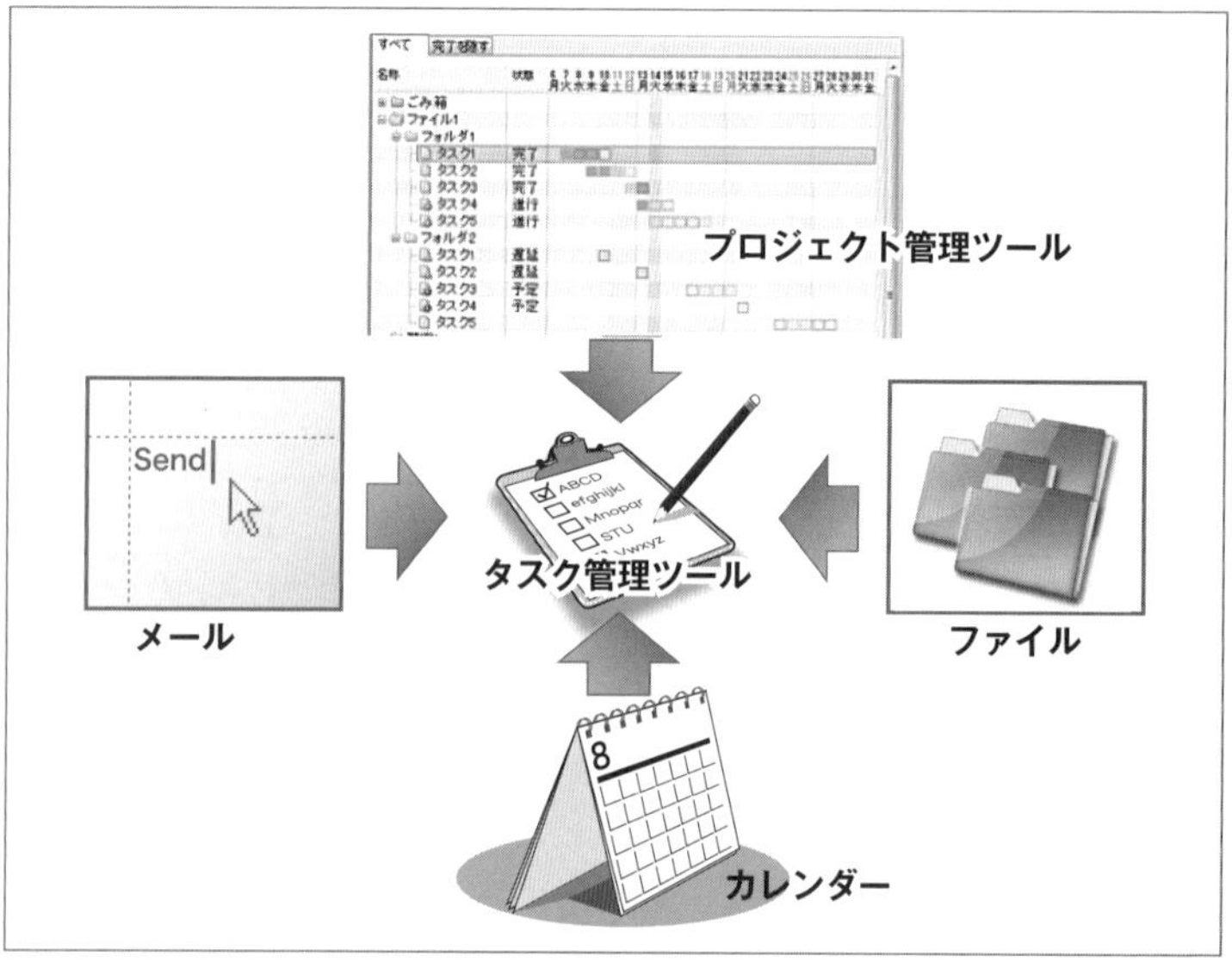
プロジェクト管理ツール
Send
タスク管理ツール
メール
ファイル
カレンダー

■図2-17

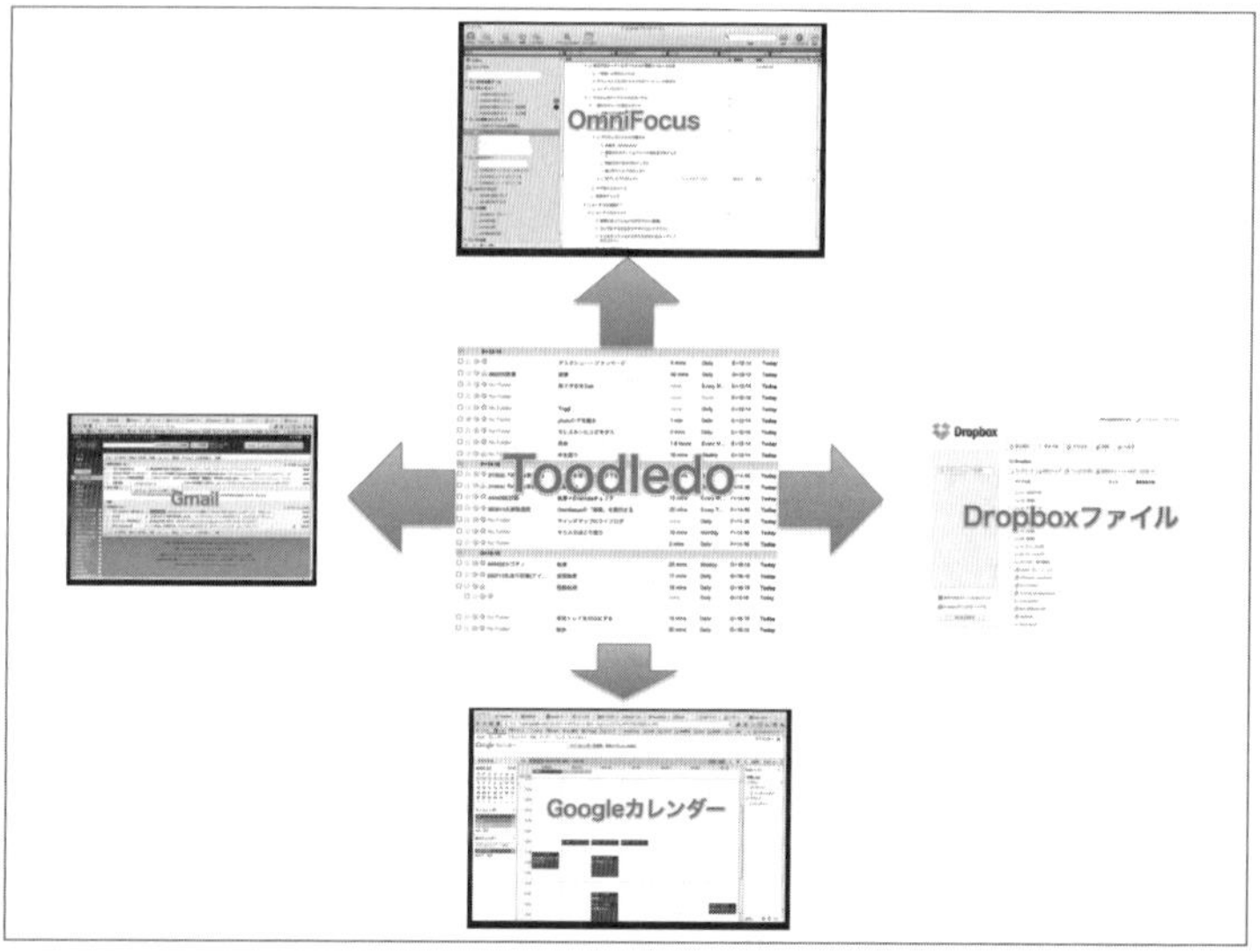
OmniFocus
Toodledo
Gmail
Dropboxファイル
Googleカレンダー

もちろんこれだけではなく他にもありますが、要は中央のタスク管理ツールであるToodledoを見ていってその指示に従ってさえいれば大丈夫だという点が大事です。これが、タスク管理ツールを中心にした、タスク管理システムを構築するということなのです。

4 コンテクストを考えなければ仕事はどんどん先送りになる

ここまでの知識さえあれば、少なくとも「今日やることリスト」を作って仕事を進められます。「自分の仕事は基本的に単純なことの繰り返しだから、これだけの知識でも十分すぎる」と思う方もいらっしゃるでしょう。

しかしたいていの場合、「今日やることリスト」だけではうまくいきません。最大の理由は先送りにするから、あるいは先送りになるからです。

本章で述べたとおり「今日やることリスト」は長大なものになりがちです。そしてリストのどれを見ても「やりたいことは1つも見つからない」ということになりかねないリストです。仕事のリストなのですからある意味ではやむを得ません。

しかし中には手がけやすいタスクも1つや2つ、あるでしょう。しかしそういうものばかり手がけていけば、最後にはやりたくないものの中でも、とりわけやりたくないものばかりが残ります。そのようにして残ったタスクの中でも、特にやりたくないタスクを「明日やろう」と先送りにするのはよくあることです。この流れを1週間続けると、「見るのもイヤなリスト」ができあがるというわけです。

これは何とかしなければいけない問題です。そしてこれを何とかする鍵の1つとなるのが「コンテクスト」です。

5 「時間帯」ごとにタスクの手がけやすさは変化する

コンテクストとは日本語訳すれば「文脈」が一般的ですが、ここでは「状況」くらいにしておきます。タスクは状況次第で、こなすことができたりできなくなったりします。

たとえば「佐藤さんに見本を渡す」というタスクがあったとします。このタスクは「佐藤さん」に会わないと実現できません。そういうタスクがある場合、ふつうの人は「佐藤さん」と会って他にできる用事も一緒に済ませようとするはずです。そんなタスクがいくつかあるなら、「佐藤さん」という「コンテクスト」を用意した方がいいでしょう。

しかし「佐藤さんに見本を渡す」だけなら、何も会って渡す必要はないかもしれません。郵送でもいいでしょう。もしも郵送のために郵便局へ行くなら「切手を買う」とか「郵便書留を速達で送る」というタスクもついでにこなせることになるかもしれません。すると今度は「郵便局」という「コンテクスト」があった方が便利です。

コンテクストとはこういうものです。ある状況でまとめてタスクを処理するための概念なのです。

ここで少し議論の余地のある話をします。個人的な意見として私は「時間帯」が最も重要なコンテクストだと考えます。

単純な理由が2つあります。

- 特定の時間帯にモチベーションが最大になるタスクが多い
- 特定の時間帯に難しい仕事を集中させるべきではない

■図2-18

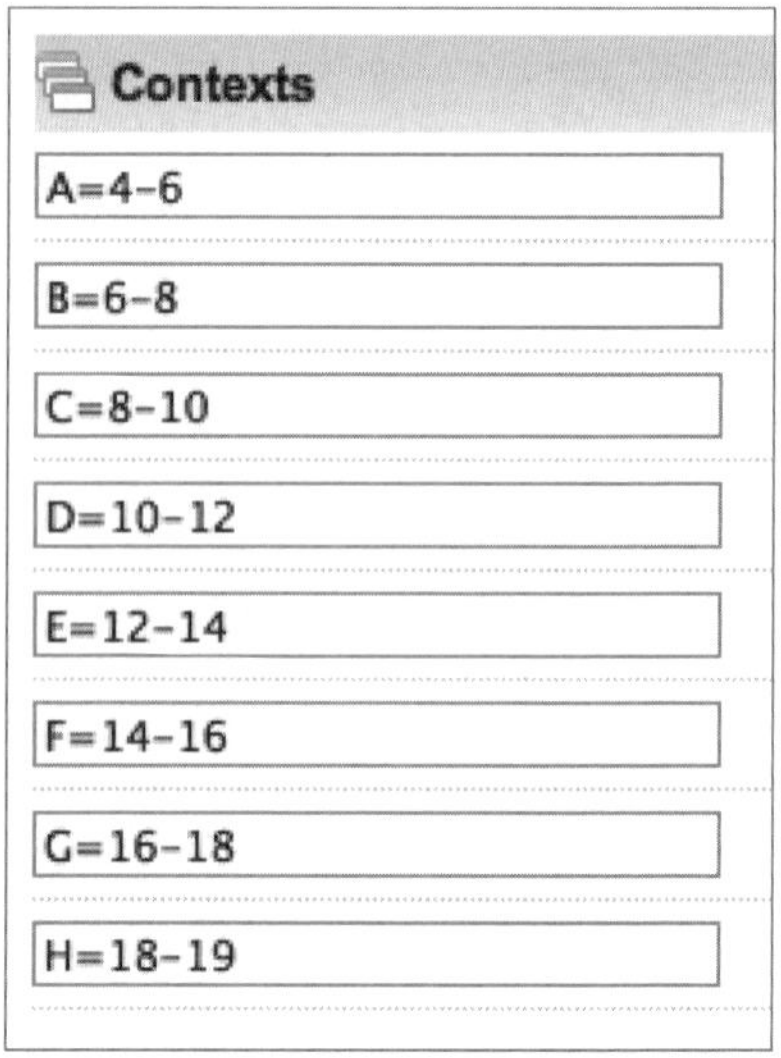

Contexts
A=4-6
B=6-8
C=8-10
D=10-12
E=12-14
F=14-16
G=16-18
H=18-19

この2点は私個人の意見のように思う方もいるでしょう。しかしこれは心理学的な知見から、ほぼ正しいと見なせることです。人の集中力は1日を通して持続できるものではないのです。

2つでも3つでも、1日の中で難しい仕事を進めていくメリットは十分あります。それに比べれば、郵便局で簡単な用事をまとめて済ませられるかどうかという話は、小さなことです。

私自身の例を挙げると、Toodledoでコンテクストを管理しています。実にシンプルです。図2−18のように時間帯ごとのコンテクストを用意しているだけです。

朝の4時から始まって、夜の6時に終わる1日の時間を2時間ごと、7つに区切っているにすぎません。1日のすべてのタスクはこの7セクションのいずれかに入ります。

時間帯というコンテクストには大きな意味があります。たとえば「本書の原稿を書く」

というタスクはセクションAというコンテクストには入りません。本書の原稿を朝4時から書くのは、私にはムリです。

一方「メールチェック」のようなタスクを「B＝朝6時から8時」などというセクションに割り当てることもしません。セクションBは仕事が最も進み、夕方に比べると2倍近い効率が期待できます。そんな時間帯にいつでもやれるメールチェックをやるのは精神力の無駄遣いです。

1日のすべてのタスクに「時間帯」というコンテクストを与え、かかる時間を見積もっておくと、図2－19のようなリストになります。これはこの原稿を書いている最中の「今日の午後から夕方のタスクリスト」です。

午後2時から4時、そして夕方4時から6時にいたるころには、「仕事をクローズする」流れを意識して作っています。時間帯と活動の流れを常にスムーズにさせることで、「先送り」を確実に減らすことができます。

■図2-19

Folder	Task	Length
F=14-16		
110630『タスクツール』	原稿執筆	30 mins
No Folder	**毎日必ず見返すモレスキンに書く**	none
No Folder	モレスキンにユビキタス	2 mins
No Folder	マインドマップにライフログ	none
No Folder	手の爪を切る	5 mins
G=16-18		
000001日次レビュー	OmniFocusを見る！	25 mins

Total Estimated Lengths: **1 hour**　Total Elapsed Timers: **0:00**

6 「時間帯」以外のコンテクストはどうするか？

たとえ「時間帯」というコンテクストが重要であるにせよ、「人」「場所」そのほかの条件も情報として与えられれば便利です。いろいろな人と交渉するのが仕事だという人には、「人」コンテクストは欠かせないでしょう。

Toodledoには「タグ」という便利な機能がついています。「時間帯」などでコンテクスト機能を占有してしまったら、「人」や「場所」については「タグ」を使えばいいのです。

使い方は非常に簡単です。「タグ」入力欄に「佐藤」とか「郵便局」と直接入力するだけです。「佐藤」も「郵便局」も両方とも入力したければ、カンマで区切って「佐藤，郵便局」とすればいいのです。

Toodledoでは一度入力したタグは入力候補として表示されます（図2-20）。これは入力を補助してくれる上、「郵便局」と入れたり「郵便」と入れるなど、人間ならではの表現の揺れを防いでくれる効果もあります。

■図2-20

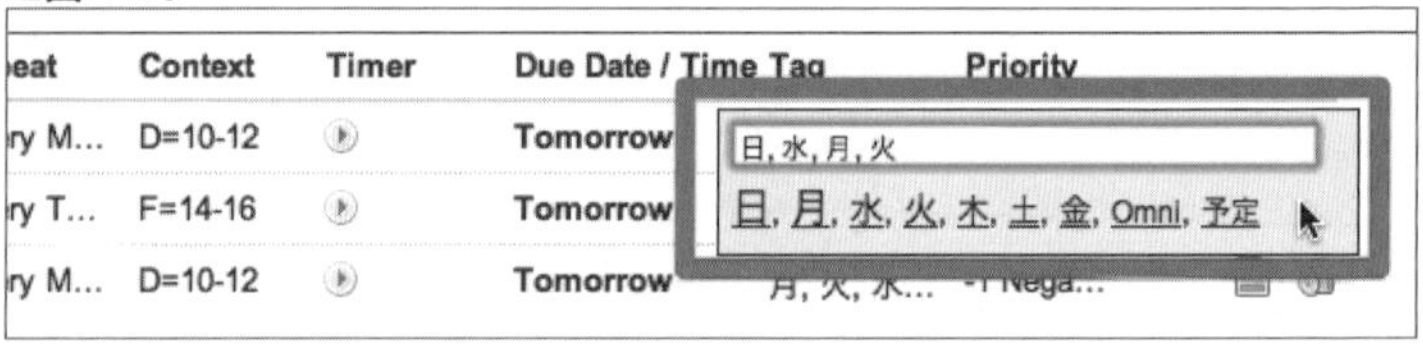

7 プロジェクト管理ツールとは何か?

では本章の最後で、「プロジェクト管理ツール」を紹介しましょう。

プロジェクト管理ツールは、1日ではとても終わらない大きな仕事を片付けるために使います。

といっても、毎日同じことを繰り返せば済む仕事には、プロジェクト管理ツールは必要ありません。それはルーチンです。たとえば「日誌を付ける」というのはルーチンタスクです。これについてはすでに述べたとおり第4章で詳しく扱います。

プロジェクト管理ツールで扱うべきは、プロジェクトです。プロジェクトは、同じことを繰り返すだけでは進まないし、1日で全部やってしまうわけにもいきません。

私自身の仕事を例に取りましょう。たとえば「セミナー」がプロジェクトです。セミナーには会場の確保からスライド作成準備など、様々なタスクがあって、1日で全部やるのは原理的に不可能です。そもそも会場を予約する日と、セミナーを実施する日は別です。また同じことを繰り返すだけでは「セミナー」はやれません。毎日スライド準備だけしていては、会場すら予約できず、告知しなければ誰も集まらないでしょう。

プロジェクト管理ツールの本格的な活用方法については、次の章を丸々当てます。ここではごく簡単に、私がふだん愛用しているOmniFocusでプロジェクトを管理するやり方を紹介しておきましょう。

OmniFocusが私にとって何より便利なのは非常にわかりやすいプロジェクト管理画面（図2－21）にあります。この画面のおかげで、

- 自分が今どんなプロジェクトを抱えているか？
- それらの締め切りはいつか？
- プロジェクトのタスクには何があるか？

などが一目で明確にわかります。

OmniFocusはほれぼれするほどの機能に恵まれています。しかし最初から「使い尽くそ

■図2-21

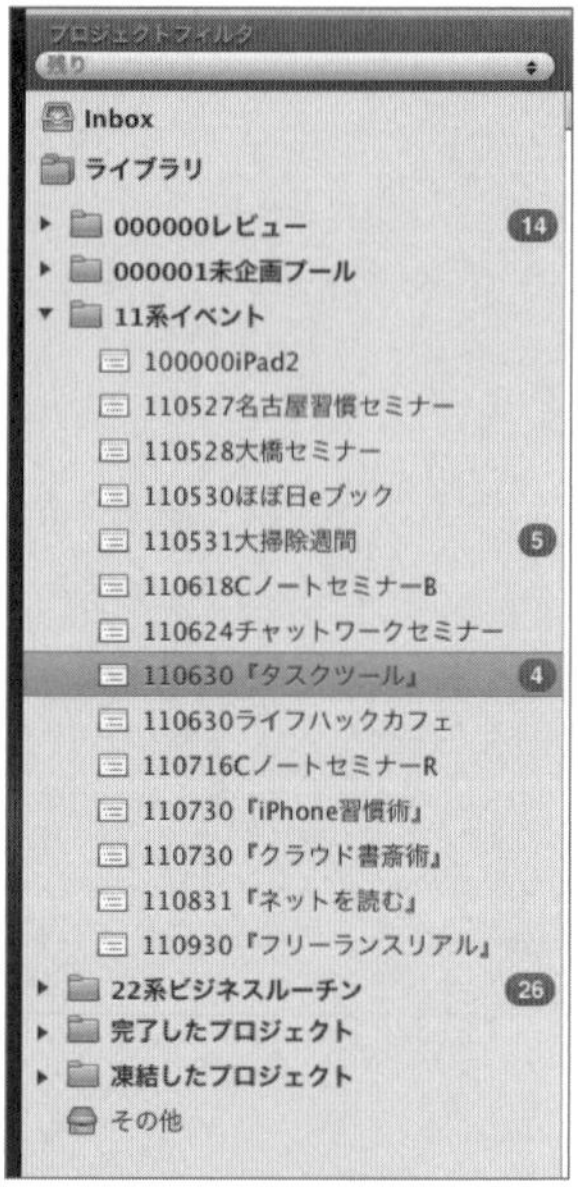

う」などとしてはいけません。最初はこのプロジェクト管理機能と、タスクの階層化機能という、直感的にすぐ理解できる機能を使い込むだけでも十分です。

プロジェクトというものは完遂するのに骨が折れるものです。これは何度強調してもいいくらい、明確に自覚すべきことです。OmniFocusのコンテクスト機能を駆使しても、フィルタリングを完璧に理解しても、それだけではプロジェクトは一歩も先へ進みません。

それでもOmniFocusを使えばプロジェクトをいつでも一望できるようになり、プロジェクトで実行できるタスクを洗い出してくれます。エンターとタブだけで軽快にプロジェクトを構造化して見られるようになるのは、実にすばらしいことです。

たとえばセミナーでやるべきことを図2－22のように簡単に洗い出して構造化することができます。

これとまったく同じ形式で全然違うプロジェ

■図2-22

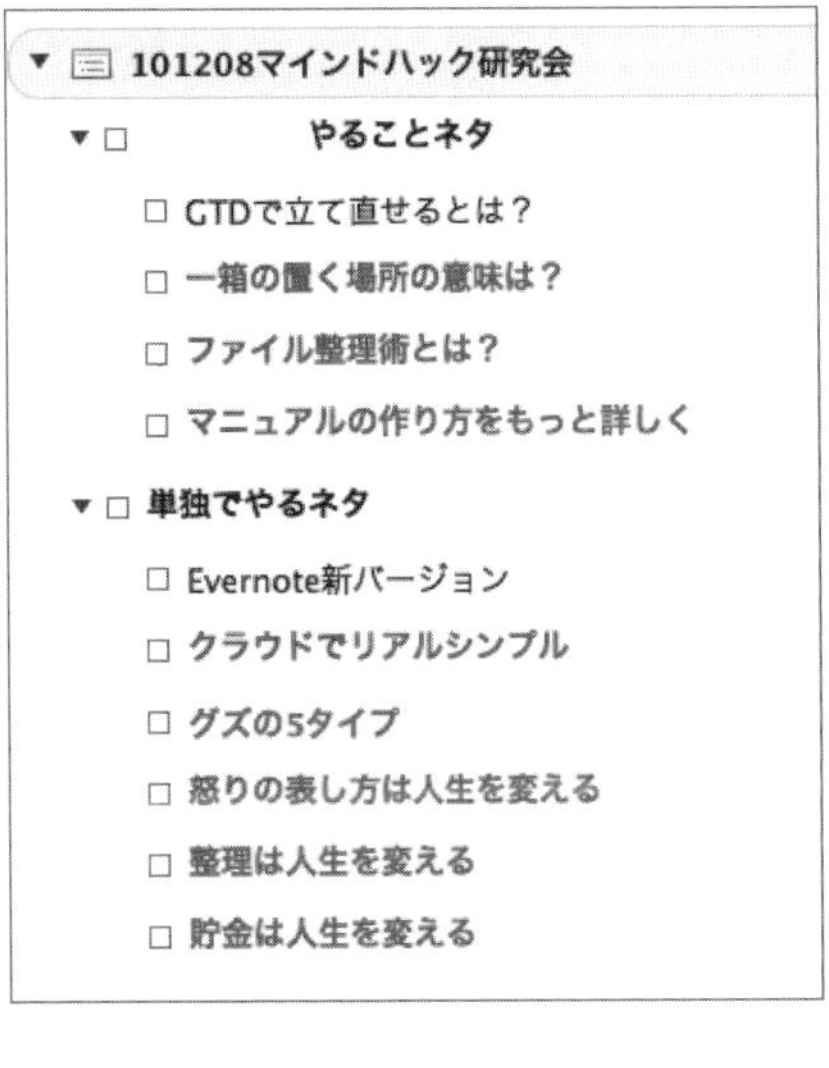

クトの管理も容易にできます。たとえば本の企画をタスクに変えていくなら図2－23のようになります。

こんなことなら「アウトライナー」のようなアウトラインソフトでもやれると思われるかもしれません。しかし文書作成ソフトではタスクに締切日を設定したりするのは難しいでしょう。タスク管理ソフトならそれができるから便利なのです。

■図2-23

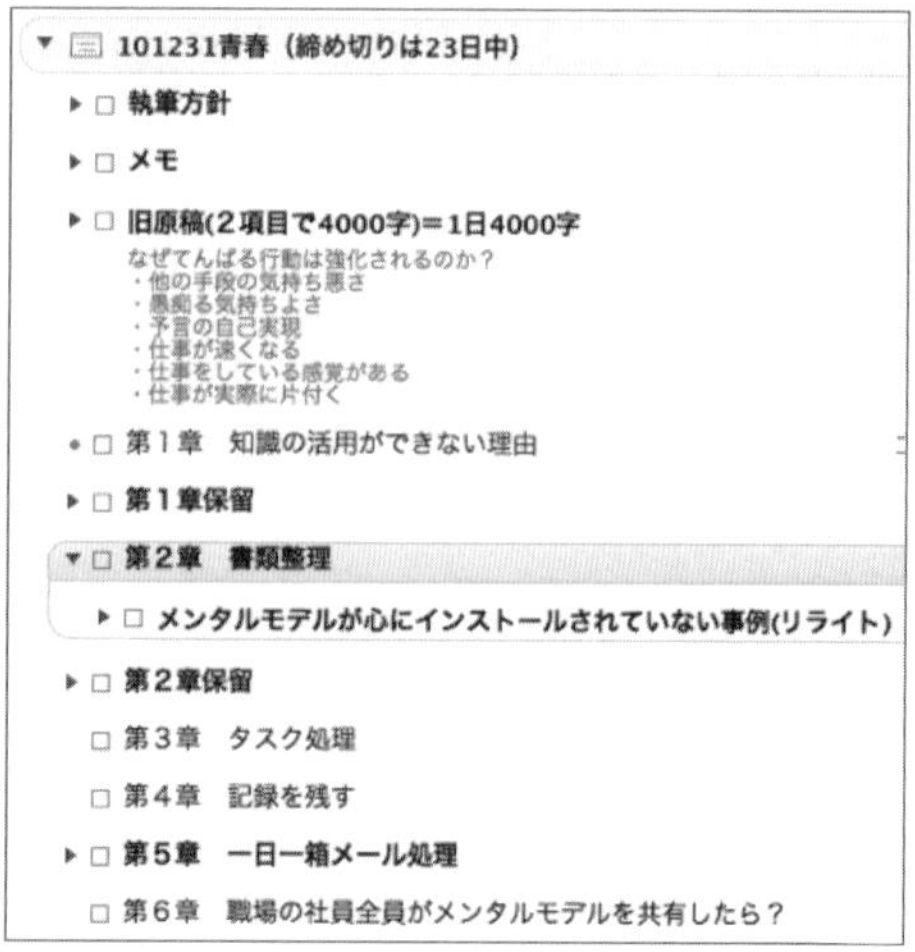

■図2-24

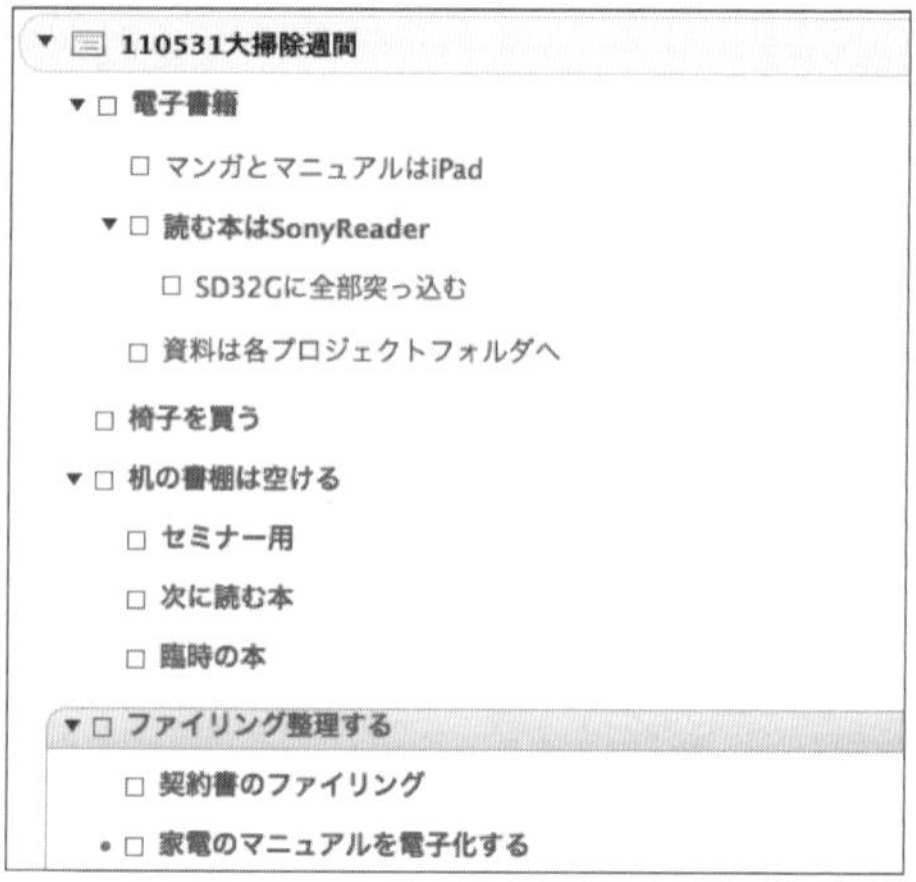

同じソフトで大掃除の計画も立てられます（図2－24）。改めてみると不思議な感じすらしてきます。

もちろん私はプロジェクト名を他のアプリケーションと統一するなど工夫もしていますし、タスクに日付情報を追加したり、完了したタスクも残しておくなどしていますが、それらは枝葉のことです。

大事なポイントは、このようなプロジェクト管理ツールとタスク管理ツールを連動させることで、頭ではとうてい抱えきれないほどのプロジェクトを確実に遂行していくということなのです。

8 どのくらいかかるかがわかりにくいプロジェクト

ところで、階層式にやるべきことを一括管理できるというのはたしかにすばらしいことですが、プロジェクト全体が本当に締め切りまでに完了するかどうかは、わからないことがあります。OmniFocusでたしかに開始日と終了日を用いてプロジェクトを管理するこ

■図2-25

	A	B	C	D	E	F	G	H
1	日付	sp	ep	時間	p数/h	総ページ数	予測日数	読了予定日
2	2011/09/01	113	127	15	60	200	3	2011/09/04
3	2011/09/06	128	177	22	60	200	1	2011/09/07
4	2011/09/07	178	200	14	60	200	2	読了
5	2011/09/08	1	44	32	82	400	5	2011/09/13
6	2011/09/09					400	5	2011/09/14
7	2011/09/10					400	5	2011/09/15
8	2011/09/11					400	5	2011/09/16
9	2011/09/12					400	5	2011/09/17
10	2011/09/13					400	5	2011/09/18

将来予測

とはできます。でもそこに入力する日付どおりにことが進むとは限りません。

中でも一番アテにできないのは、私達自身のやる気です。やるべき日が来てもいっこうにやる気がわかないかもしれず、もしかすると締切日がきてもプロジェクトの90%が手つかずのままになっているかもしれません。理想と現実は違うものです。

締め切りがはっきり決まっているプロジェクトはまだいいのですが、「夢を叶えるプロジェクト」などは難物です。「海外で生きていくために毎日英語の勉強を3時間はしよう！」などと意気込むのはいいが、現実には3秒もやらなかったりします。「英語の勉強をするプロジェクト」や「海外移住プロジェクト」などは、ほとんど妄想の産物と言ってよく、これをOmniFocusで管理しようとToodledoで管理しようと、それだけで目標を達成できるわけではありません。

そこでまず現実をチェックします。私はこの目的のために、締め切りまでに終わらせる自信のないプロジェクトや、妄想ばかりが膨らんでいっこうに前に進められないプロジェクトを、OmniFocusからGoogleスプレッドシート（エクセル）へ移します。

図2－25は私の「読書プロジェクト」を管理しているGoogleスプレッドシートです。もちろん同じことはエクセルでもやれます。spは開始ページ、epは終了ページを意味します。時間はそのとき読書した時間で、単位は「分」。たとえば9月8日の読書記録によれば、新しい本を読み始めたようです。1ページから44ページを32分かけて読んでいます。一冊の総ページ数は400ページ。1時間あたり82ページの計算なので、毎日1時間ずつ読むなら5日間で読了する予定です。読了予定日は「読んだ日」または「読む予定の日」に予測日数を加算していますから、9月8日の時点では、5日後の9月13日となっています。

このようにして毎日の読書ページを計測し、将来読もうとしている本についても、大ざっぱな計算をしてもらいます。開始と終了ページについてはそれまでのペースからムリのない範囲で入力し、あとは本の総ページ数を入れておけば、計算は勝手にやってくれます。今読んでいる本は1419ページとなかなか分厚いので、9月いっぱいかかるという計算になっています。

こうした計算をちょっとやってみるだけでも、プロジェクトがイメージしているとおりに進行していくのか、それとも希望的観測にすぎないのかがよくわかるのです。実際には大きめのプロジェクトについてできるだけ「実測した値」を元に開始日や終了日を入力していくべきです。

Chapter 3

プロジェクトを管理する

本章ではプロジェクトを管理する方法を考えます。

最初に本書における「プロジェクト」という言葉の意味をはっきりさせておきます。

プロジェクトとは完了までに2日以上かかり、ルーチン作業だけでは終わらない仕事のことを言います。

たとえば私にとって「勉強会の開催」はプロジェクトです。会場の確保、スライド準備、告知、参加費用の管理、受付などスタッフさんを集めること、そして勉強会当日の講演まで、1日で全部終えられるわけがありませんし、ルーチン作業ではありません。会場を確保することと、講演することとは作業内容がまったく違います。

また、プロジェクトのもう1つの大事な定義があります。締切日があることです。締め切りのない仕事のことを、少なくとも私はプロジェクトとは呼びません。今書いているこの原稿は、「6月30日」という締切日を持った「書籍執筆」というプロジェクトです。しかし「いつか本を書いてみたい」というのはプロジェクトとは言いません。

ルーチン作業や日々の雑務ではなく、このプロジェクトを終えた時こそ私は何とも言いようのない達成感を感じます。手をつけかけた時には動きそうもない山であったものが、ゴール近くまで来るともうなくなっているような感覚です。その山をなくしたのは他でもない自分だという事実に驚かされるのです。

1 プロジェクト管理ツールを選ぶ

最初に、プロジェクト管理ツールを選びましょう。

読者がＭａｃをお使いなら、迷わずOmniFocusをすすめます。なぜなら必要なすべての機能がそろっていて、しかも動作が軽快だからです。

ツールを選ぶ時、「当たり前のことが全部できる」というのはめったにないことだと思ってください。そういうツールに出合うことができるのは幸運です。

OmniFocusは値段が高いとよく言われます。しかし、ありきたりな言い方ですがこの機能を考えれば高いとは言えません。自動車や装飾品とは違って伝統的には存在しなかったものだから、無料から数百円以上だと恐ろしく高く感じてしまうのですが、メロンなどより安いということにむしろ驚きを感じるべきなのです。

読者がウィンドウズをお使いなら、残念ながらOmniFocusは使えません。その場合の選択肢としてMacに乗り換えるという方法も私としてはオススメしたいのですが、それは難しいでしょう。

プロジェクト管理ツールがしなければいけないことは、

- プロジェクトごとにたくさんのタスクを束ねられること
- プロジェクトを階層形式に分解できること
- タスクごとに日付情報を付けられること
- タスクを条件に従って検索できること

この4つです。図で表すと図3－1のように表現できるツールが必要なのです。

これはMindMeisterというウェブ上でマインドマップを作成するツールで作ったものです。つまりMindMeisterでもプロジェクト管理はできるわけです。しかし日付情報の入力などが若干たどたどしくなります。それにオフライン環境でも利用することは可能ですが、OmniFocusのように最初からローカルで利用する前提のアプリケーションではないため、少し余計な手間がかかります。

■図3-1

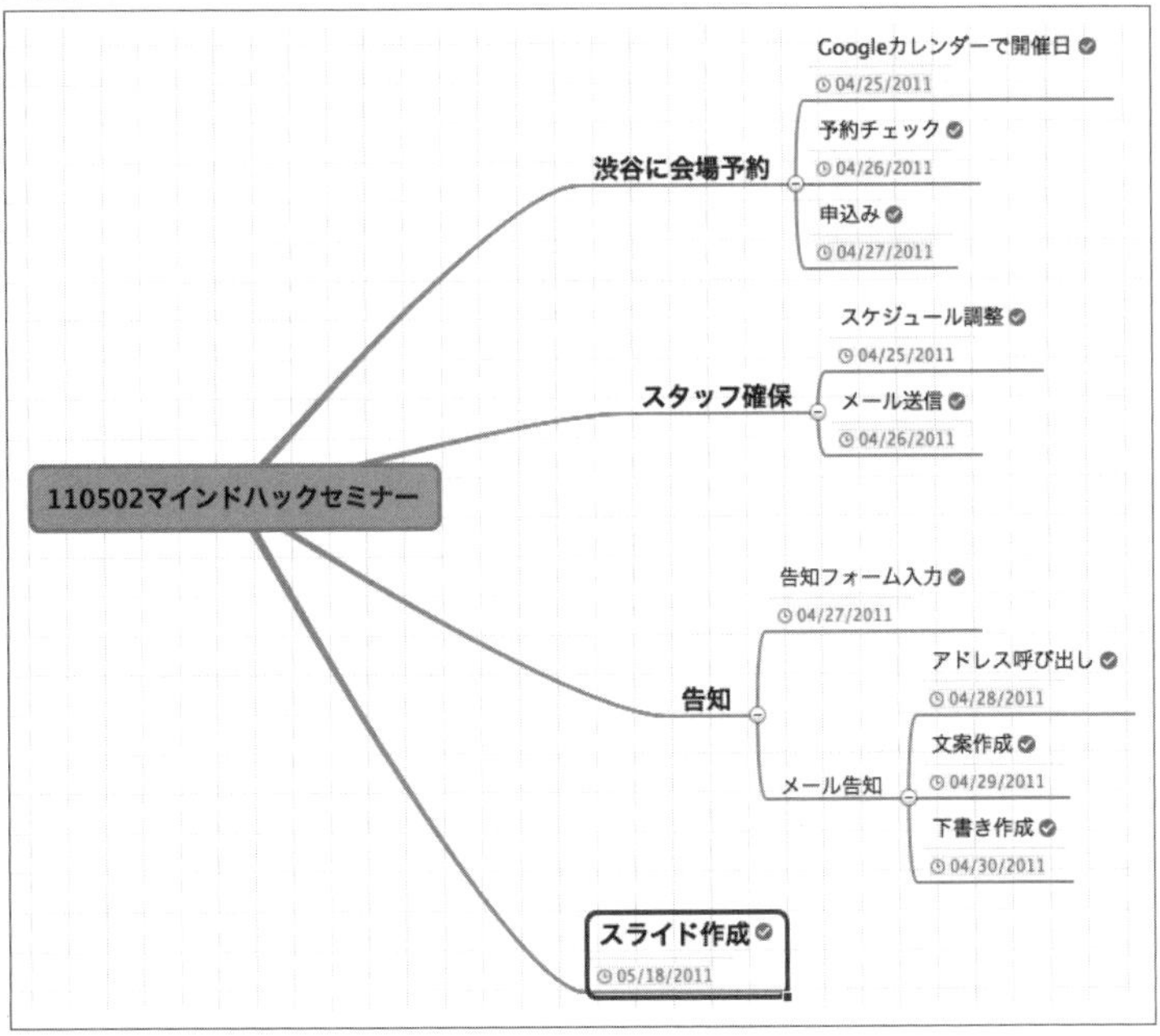

マインドマップをかくのが好きで何でもマインドマップにしたいという人にはいいかもしれません。

それ以外では現在のところ、ウィンドウズユーザーに最もオススメできるプロジェクト管理ツールはNozbeです。これは表現こそ「階層化」のようにはなりませんが、実行する順番を自由自在に決められますので、だいたいのところ「サブタスク」も無理なく管理できます。もちろん締切日設定なども用意されています。

2 プロジェクトを統一する

プロジェクト管理ツールが決まったら、最初にやることはプロジェクト名の統一です。これを聞いた人ははなはだ面倒くさそうだと思うようですが、同じような手間はほとんどの人がかけているのです。最初にまとめてやってしまうのがいちばん効率的です。

この便利さに一度慣れてしまうと、統一なしでなぜプロジェクトが進められていたのかわからなくなります。情報やタスクや約束事やメールの仕分けが瞬時に済むようになりますし、「行き場がない」という問題で悩むことがなくなります。プロジェクト名の統一をプロジェクト管理ツールで始めるだけでも、仕事が速くなるはずです。

プロジェクト名の統一とは、1つのプロジェクト名をプロジェクト管理ツールやメールやフォルダの分類において統一して使用することです。たとえばこの本の原稿プロジェクト名は「110630タスクツール」です。このプロジェクト名を、

- フォルダ
- プロジェクト管理ツール

・タスク管理ツール
・共有ツール・メール
・行動記録ツール

のすべての「プロジェクト」（フォルダ）で同一名に統一するのです（図3-2、3-3、3-4、3-5）。

110630とは2011年6月30日を意味します。これが締切日です。締切日がないプロジェクトは、プロジェクト名を命名する段階で行き場を失うわけです。

フォルダ、プロジェクト管理ツール、タスク管理ツール、メールなどをカテゴライズした後、プロジェクト名が統一されていれば、締め切り間近のプロジェクト名を折に触れて目にするようになります。この効果は、使い慣れたツールのプロジェクト名が統一されているほど、如実に感じられます。

繰り返しになりますがこれは簡単にできます。ですから必ず統一して設定します。こうしておくだけで、たとえば「このプ

■図3-2 タスク管理ツール（Toodledo）

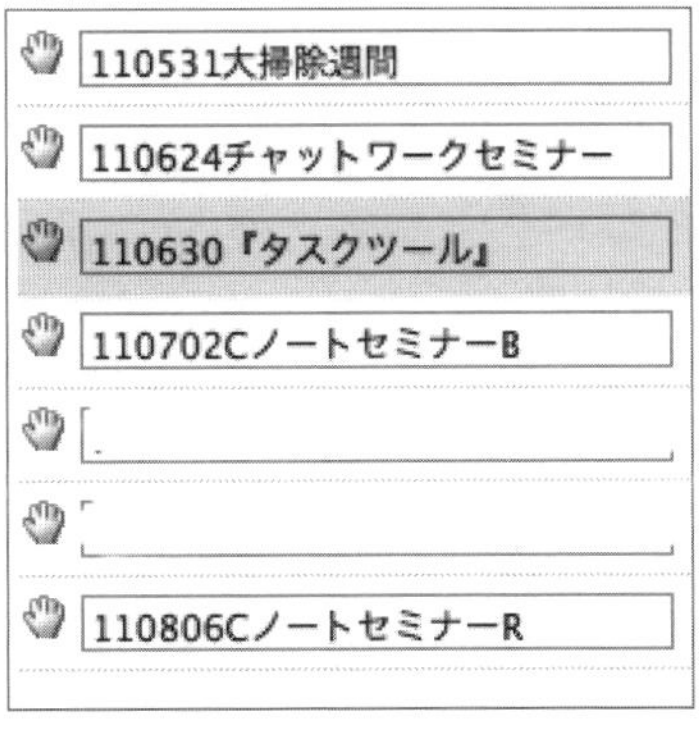

■図3-3 フォルダ

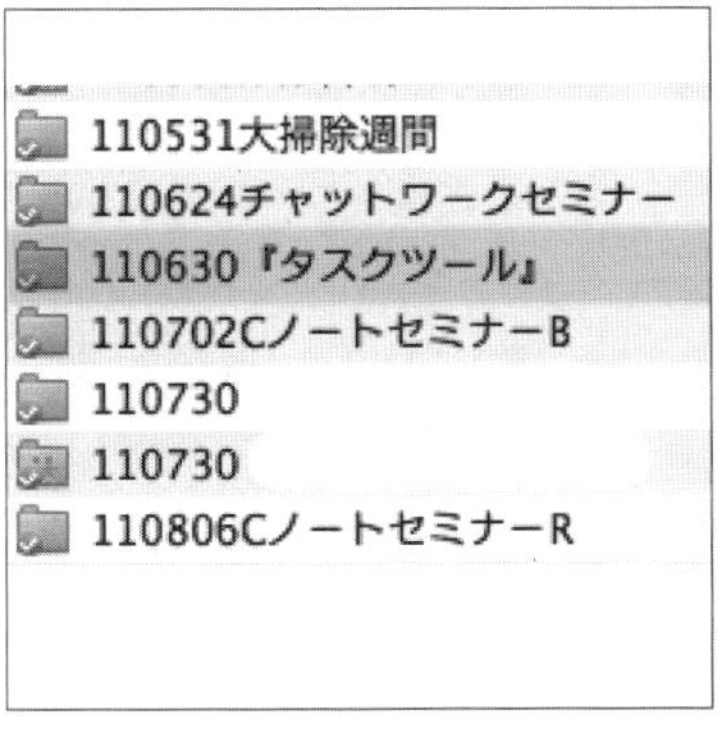

レゼンのための会場は予約しただろうか？」という問いにも完璧に答えられるようになります。毎日の「タスク管理ツール」の「プレゼン」という企画を検索すれば、完了タスクも未完了タスクも直ちに一覧表示されるからです。

1つの例として、私自身の出版記念セミナー準備のための完了タスクを表示してみます。使っているツールはToodledoです。

図3－6のように表示してみれば、あるプロジェクトについてどんなタスクを完了させたのかが一目瞭然です。一般にＴｏＤｏリストやタスクソフトを使う理由は「忘れずに仕事をする」ためとされていますが、「何をしたかを即座に確認できる」という機能も見逃せません。何かのトラブルに見舞われて「あなたはたしかに会場を予約したのですか？」と尋ねられるような事態は必ず起こります。その時、たしかに予約したことをとっさに答えられれば信頼度もアップしますし、濡れ衣を着せられたりせずにすみます。

またこうしたリストを持っていると、今後似たようなプロジェクトを任された時、どのような手順でタスクを進めていけばいいかが

■図3-4 プロジェクト管理ツール（OmniFocus）

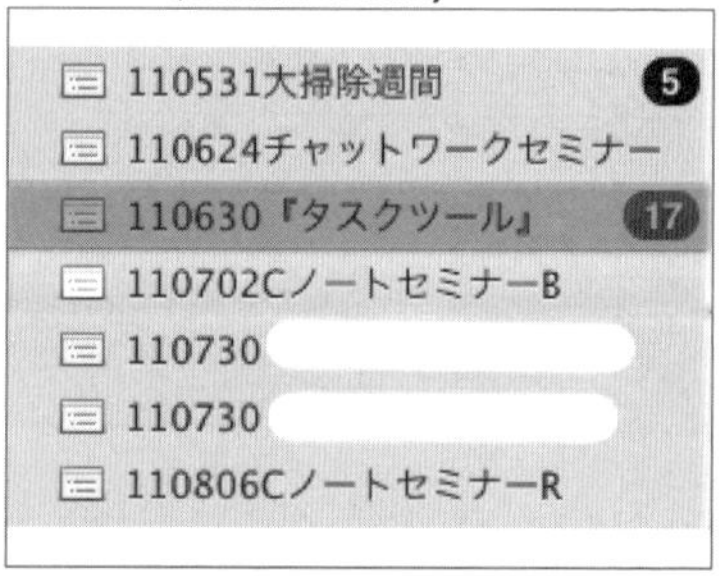

🗐 110531大掃除週間	❺
🗐 110624チャットワークセミナー	
🗐 110630『タスクツール』	⑰
🗐 110702Cノートセミナー B	
🗐 110730	
🗐 110730	
🗐 110806Cノートセミナー R	

■図3-5 行動記録ツール（Toggl）

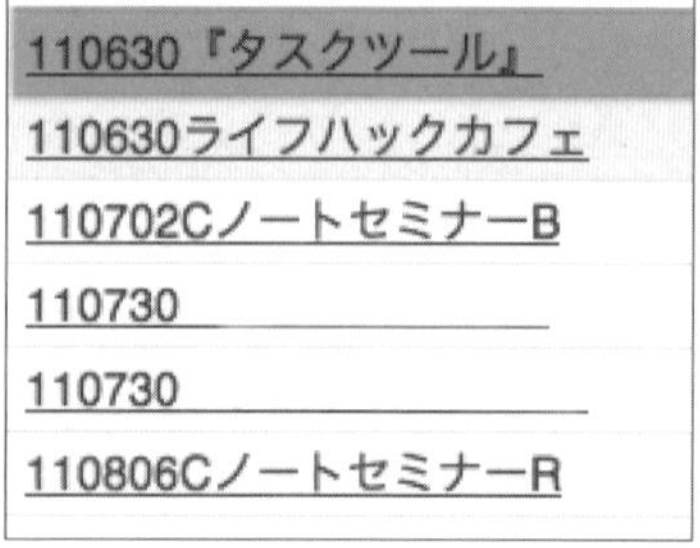

110630『タスクツール』
110630ライフハックカフェ
110702Cノートセミナー B
110730
110730
110806Cノートセミナー R

とてもわかりやすくなります。実際この部分は、想像力で仕事をこなそうとしていた時に比べて、ストレスが激減しています。相当に多忙な時でも神経が参らずにすんでいるのは、

■図3-6

Folder	Task
Overdue	
110428「50の習慣」セミ…	習慣セミナー準備
110428「50の習慣」セミ…	レストランfix
110428「50の習慣」セミ…	関連話題を飛ばす【#3ka】
110428「50の習慣」セミ…	関連話題を飛ばす【#3ka】
110428「50の習慣」セミ…	習慣セミナー準備
110428「50の習慣」セミ…	習慣セミナー準備
110428「50の習慣」セミ…	習慣セミナー準備
110428「50の習慣」セミ…	関連話題を飛ばす【#3ka】
110428「50の習慣」セミ…	習慣セミナー準備
110428「50の習慣」セミ…	関連話題を飛ばす【#3ka】
110428「50の習慣」セミ…	習慣セミナー準備
110428「50の習慣」セミ…	移動
110428「50の習慣」セミ…	Skype打ち合わせ
110428「50の習慣」セミ…	おつりを用意する
110428「50の習慣」セミ…	Skype打ち合わせ
110428「50の習慣」セミ…	関連話題を飛ばす【#3ka】
110428「50の習慣」セミ…	参加者リストを用意する
110428「50の習慣」セミ…	出発準備【持ち物】

Total Estimated Lengths: **6.6 hours**　Total Elapsed Timers: **0:00**

自分がタスク管理システムを持っているからだとさえ思います。

記憶力が私よりずっと優れている人は、「この程度のことは全部頭で覚えておける」と思うかもしれません。しかしたとえ覚えておくことができるとしても「頭を覚えるという仕事から解放させる」ことが大事なのです。それは精神衛生上の大きなメリットです。私自身はかなり小さなことでも、何とかしてメモに書き出したり、iPhoneに入力することで、意識的に「頭に記憶させない」努力を続けています。そうする気になるくらい、記憶するという仕事から解放された頭脳を持つことは気持ちがいいのです。

テンポラリ・イベント

「プロジェクト」にしてすべてのツールで名前を統一するほど大きくはないが、一応「プロジェクト」としてタスクを束ねさせたいという要請はあると思います。そういうものを私は「テンポラリ・イベント」としてEvernoteで管理しています。

図示するとわかりやすいと思います。

たとえば5月23日に打ち合わせするという「イベント」があるとしましょう。こ

■図3-7

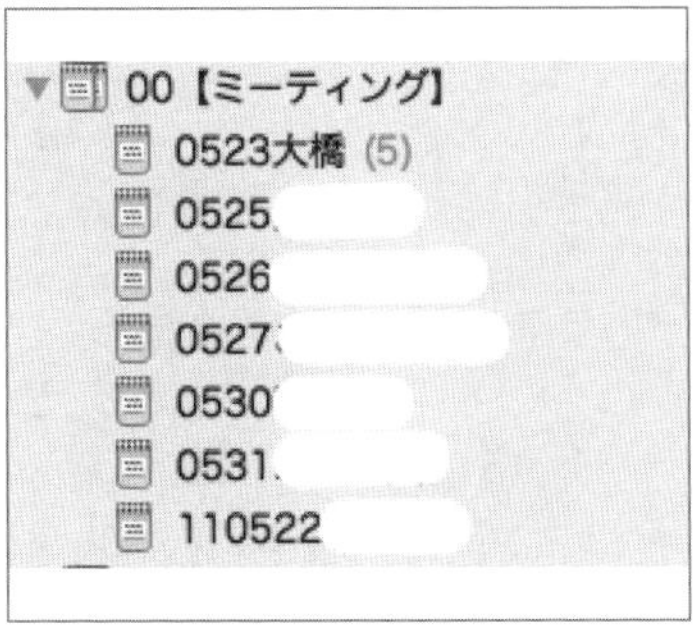

れはもっと大きな「プロジェクト」のサブタスクなのですが、「1タスク」とみなすには少し大きなイベントです。会って2時間くらい話すわけですから、そのための準備も必要です。資料を用意しなければならないかもしれません。

このような場合とくに「日付＋人名」のノートブックに必要な資料を全部集めておけば、当日それをチェックするだけですみます。その日のログもとりあえずはそこへ入れておけばOKでしょう。

出先でもiPhoneでこれらのノートだけを見ればいいので、見つけるのが簡単です。イベント順にまとめてありますから私の場合は【ミーティング（イベント）】の一番上のノートブックがお目当てのノートブックです。ミーティングが終わったらノートブック名に年をつけて「年月日＋人名」に変えます。こうすれば過去のノートブックは下方に移動します（図3―7）。

ノートブックの中身は電車の中や駅でチェックすることが一番多いメモ書きです。

COLUMN

・打ち合わせ場所の地図
・打ち合わせで扱う話題
・打ち合わせ中に決めなければいけないこと
・打ち合わせ中に言いたいこと

こういったものが入っているわけです。

これらは「タスク」ではないし、「予定」でもないため、タスク管理ツールやカレンダーに入れておくのもしっくり来ません。もちろんそうしてもよいわけで、私も一時期はGoogleカレンダーなどに入れておいたのですが。

しかしたとえば話題に出したいウェブクリップなどは、やはりEvernoteに取り込んだ方が、Googleカレンダーに部分的に貼り付けるよりも便利です。

3 プロジェクト管理ツールからタスク管理ツールへ

ここで、プロジェクト管理ツールでプロジェクトを管理するというイメージの全体像をおさらいしてみましょう。図示すれば図3―8のようになります。

プロジェクトとタスクの関係は図のような「親子関係」です。たいていの人はプロジェクトを最低10は持っているでしょう。ビジネスとプライベートは分けません。

タスクはプロジェクトの下にぶら下がっています。そのタスクをいつやるかという情報もいちいち与えてあります。これはプロジェクト管理ツールからタスク管理ツールに

■図3-8

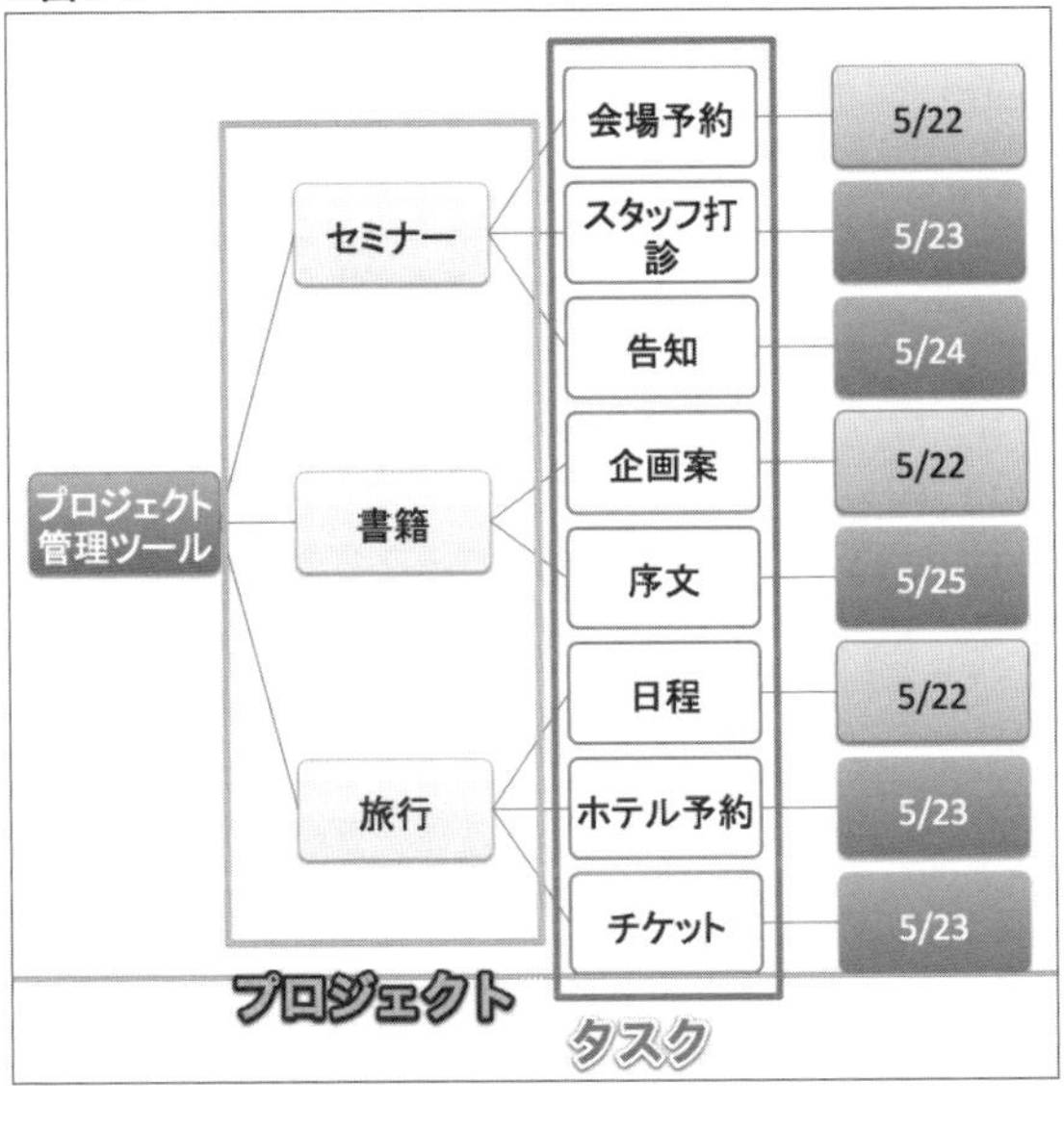

タスクを移す際、必要な情報なのです。

先の図で言えば5月22日になった時、

□会場予約
□企画案
□日程

などをタスク管理ツールに移して、その日に実行するわけです。どうしてそんな面倒なことをするかというのは、繰り返しになりますが、「1日に使える時間の中で、それぞれのタスクにかかる時間を検討するため」です。「プロジェクト管理ツール」はタスクごとの時間を見積もるという仕事には向かないのです。会場予約だとか企画案だとかを5月22日にすることに決めたところで、5月22日にすることがあまりにも多すぎて、結局やれずに終わったのでは意味がありません。ですから第2章で述べたようなやり方で、タスクにかかる時間を見積もって、1日にやるべきタスクを全部足し合わせた時、はたしてそれがこなしきれるタスクの量なのかどうかを検討するツールが別に必要なわけです。

他の問題もあります。「プロジェクト管理ツール」と「タスク管理ツール」の「2つのツール」をタスク管理に使うのは不合理だと思うから、「すべてをプロジェクト管理ツールに集めてしまえばいい」という議論になるのでしょう。しかし「タスク管理ツール」を一元化することには、それほど意味はありません。

というのも、「タスク管理システム」全体で使うツールは、プロジェクト管理ツールとタスク管理ツールの「2つ」では決してすまないからです。すでに述べたことですが、しばしば「メール」からは依頼という形でタスクが発生します。したがって「一元化」にこだわるならメールもプロジェクト管理ツールに組み込まなければなりません。それに「カレンダー」には「予定」という「タスク」があります。プロジェクト管理ツールはカレンダー機能も持たなければならなくなります。

実はこういったことを考慮して、ありとあらゆるタスクが発生しうるツールを、ことごとく一カ所に集めてしまおうというプロジェクト管理ツールもあります。Nozbeなどはそうした努力を感じさせるツールです。私はこの考えに賛成できません。

Nozbeは大変すばらしい「プロジェクト管理ツール」だと私は思っていますが、だからといって参照資料やあらゆるタスクをここに一元化した方が利便性が高まるとは思えないのです。

他にもGmailにタスクを集めてしまえば、「メールから発生するタスクをも当然扱える」

4 プロジェクト管理ツールでプロジェクトの計画を完成させる

という考えを持って、Gmailのラベルを「プロジェクト」にしてしまうという考え方もあります。私はそれにも違和感があります。そこまでやったとしても仕事を電話で依頼されたり、口頭で依頼されたり、メモを渡されたり、Ｆａｘが届いたり、郵便物が届いたりするでしょう。一元化にこだわる人は、そうしたものを写真で撮ってGmailに送ったり、スキャンしてGmailに送るという方法を実行しています。しかしそれほど努力して一元化する手間は、実のところ私がやっているような、プロジェクト管理ツールからタスク管理ツールに「その日の分だけ」を移す手間よりはるかに大きいのではないかという気がします。

なお、私がプロジェクト管理ツール（OmniFocus）からタスク管理ツール（Toodledo）に「その日の分のタスクを移す」作業にかかっている時間は、ここ１００日間の平均で1分29秒です。私はとくにヒマな物書きだとは感じませんが、この時間を惜しむほど忙しくはありません。

これは一種の楽しみです。仕事をどのように進めれば最もうまくいくか、シミュレーションしてから実行するのはいつでも楽しいものだからです。

プロジェクトを完成させるというのは必要なタスクを漏れなく洗い出し、適切な順番で、1つ1つ実行するというプロセスに他なりません。

これはいわば「思考」に関することです。頭の中で考えてやることだからです。しかし工程が複雑になってくると全部を頭でやるわけにはいきません。

そこで工程を書き出すことから始めなければなりません。

❶ 必要なことはとにかく書き出す

プロジェクトを完成させるためには、やるべきタスクを漏れなく書き出す必要があります。やるべきタスクをすべてやり終えれば、プロジェクトは完成します。

しかし、実際に書き出してみない限り、やるべきことを全部想像するというのは実に困難なことです。実際には書き出してみても思いつかないこともあります。とはいえ、あれこれ想像してみたり、マインドマップでまとめてみたり、グループでブレインストーミングしてみても思いつかなかったことにこだわっていても仕方がありません。それはその状況の限界なのです。

とりあえず私はプロジェクトが決まったらOmniFocusにやるべきタスクを書き出すことからいつも始めています。たとえばこの章の今書いている部分は、最初は次のようなリストになっていました。

■図3-9

- ▼ □ プロジェクトの進捗を管理する
  - □ まとめる
  - □ 必要なことをとにかく書き出す
  - □ 順番を入れ替える
  - • □ 全体の目標を一望する
  - □ プロジェクト管理ツールの中で思考する
  - □ 行動できる単位を探す
  - □ 行き詰まったらすぐ分ける
  - □ ロディアメモでできる単位を最小単位にする
  - □ 徹底的に日付で管理する
  - □ 手を付けない日をなるべくなくす
  - □ 小分けにする
  - □ プロジェクトごとの情報収集（EVERNOTE）
  - □ ノマドスタイル
  - ▶ □ いつでもアウトプットできるようにする
  - □ 休憩中の衝動を使う
  - □ 規律正しく休む
  - □ 仕事中はリラックスしてまとめる

これは思いつくままに書き出したため、とてもわかりにくくなっています。いきなり「まとめる」とありますがまとめる対象もありません。その次に「必要なことをとにかく書き出す」となっています。ここだけでも順番が逆です。

さらに「小分けにする」というのも下の方に現れますが「小分けにする」には説明がいくつかいるでしょう。それは「小分けにする」ことのサブタスクということになるはずです。

プロジェクトが書籍執筆だとすれば、ある程度まで大きなタスクの固まりは章に相当し、小さなタスクは節やその下の項目であることがご理解いただけると思います。

先ほどの思いつくままに書き出したリストをまとめてみましょう。

■図3-10

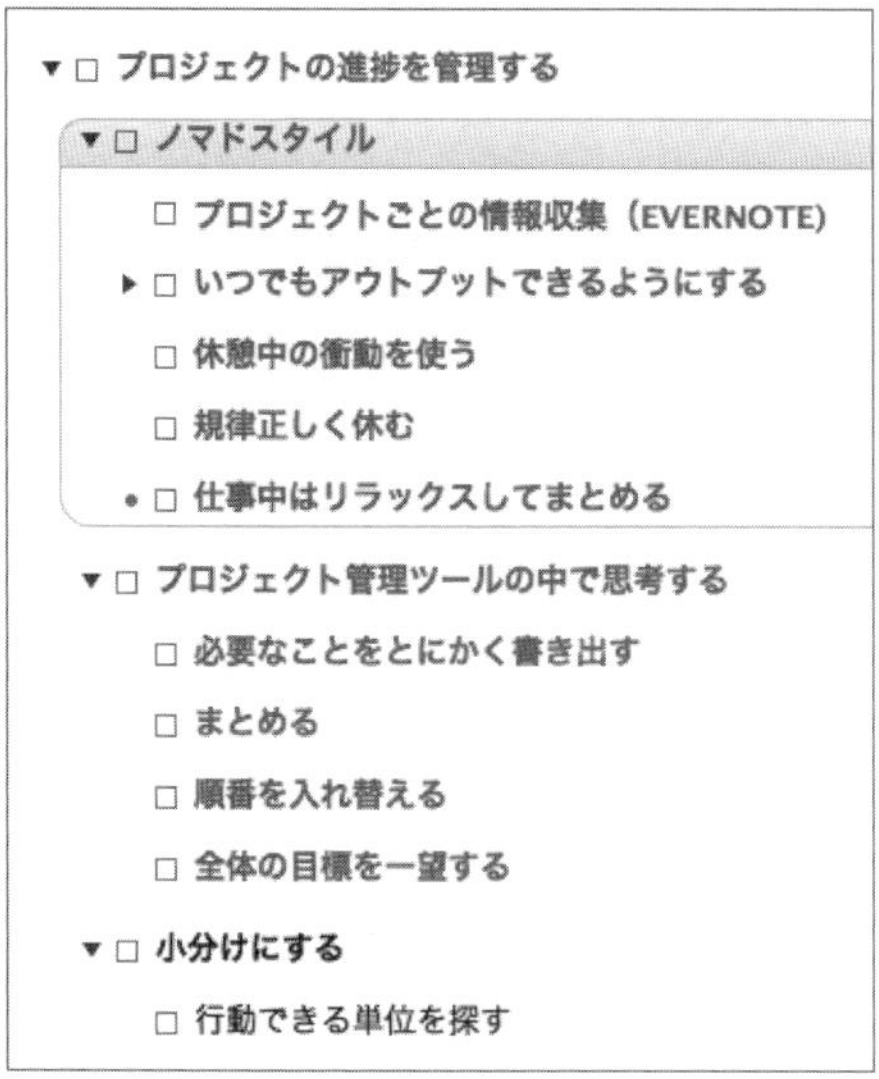

❷ まとめる

まとめてみてそれなりにわかりやすくなってきました。それでもいくつか問題は残っています。

最初に「ノマドスタイル」の話が始まるのはいかにも唐突です。これはもっと後ろへもっていけます。また、すでに書いたように「必要なことをとにかく書き出す」ということが最初でしょう。「書き出したこと」をまとめたり整理することになります。

ですから順番を入れ替える必要があります。

また「小分けにする」の内容が「行動できる単位を探す」だけで終わるわけにもいきません。

❸ 順番を入れ替える

順番を入れ替えて、「小分けにする」のサブカテゴリもいろいろ付け加えてみました。

このようなステップを何度も繰り返すと、ようやく自分が言わんとしたことがクリアになってくるわけです。本の場合は「言わんとしたこと」ですが、他のプロジェクトであれば「やろうとしたこと」ということになるでしょう。

「やろうとしたこと」がクリアになれば、それがすなわちプロジェクトの計画ができあがったと考えていいでしょう。私はこのようなプロセスこそが思考というものだと思います。

■図3-11

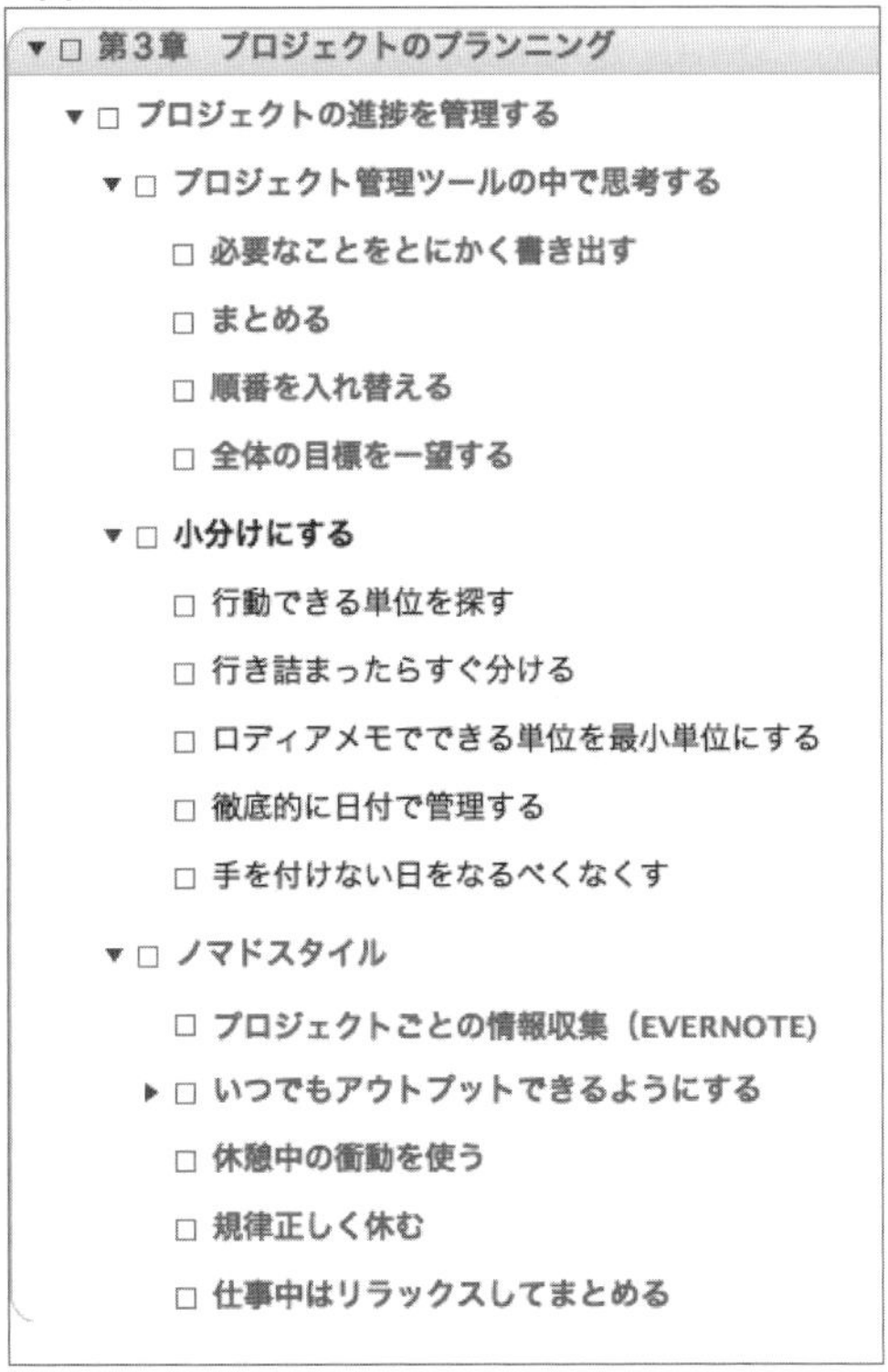

さて、最後にそれぞれのセクションやタスクを「いつやるか」決めるという問題が残っ

■図3-12

ています。これはそれぞれ、状況に応じて決めていけばいいでしょう。

OmniFocusではタスクごとに「いつやるか」という情報を与えることができます（図3―12）。これをタスクごとに私は細かく決めていきます。

そうすることによって、たとえば5月24日がやってくると、5月24日に処理すべきタスク（この場合には書くべき項目）の数をOmniFocusが教えてくれます。この日は25項目ということがわかります（図3―13）。

期限についてさらに言うと、OmniFocusには非常に優れた機能がありま

■図3-13

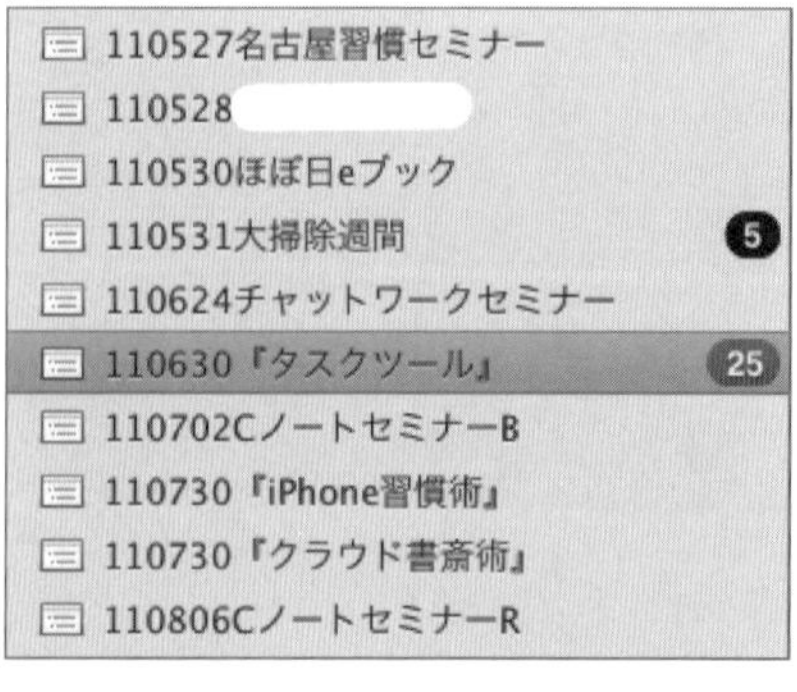

す。「今日が期限」というタスクを優先的に表示させられるのですが、このリストを見れば「今日やること」が一望の下にできるのです（図3－14）。

■図3-14

▼ 期限が今日

- □ 必要なことをとにかく書き出す
- □ まとめる
- □ 順番を入れ替える
- □ 全体の目標を一望する
- □ **プロジェクト管理ツールの中で思考する**
- • □ 行動できる単位を探す
- □ 行き詰まったらすぐ分ける
- □ ロディアメモでできる単位を最小単位にする
- □ 徹底的に日付で管理する
- □ 手を付けない日をなるべくなくす
- □ **小分けにする**
- □ プロジェクトごとの情報収集（EVERNOTE）
- □ ロディア
- □ iPhone
- □ スマートフォン

そしてこのリストの中のタスクは、いったいどのようなプロジェクトのどの位置づけに存在するものかも、即座に知ることができます。私はコンピュータがタスクを管理し、プロジェクトを管理するとはまさにこういうことであり、この機能を備えているソフトがめったにないことが非常に残念です。

図3―15のようにあるタスクを選択しメニューから「Focus in New Window」を選択してみます。すると図3―16のような新しいウィンドウが開き、ここで選択していたタスクのプロジェクト内での位置づけを即座に返してくれるのです。

■図3-15

■図3-16

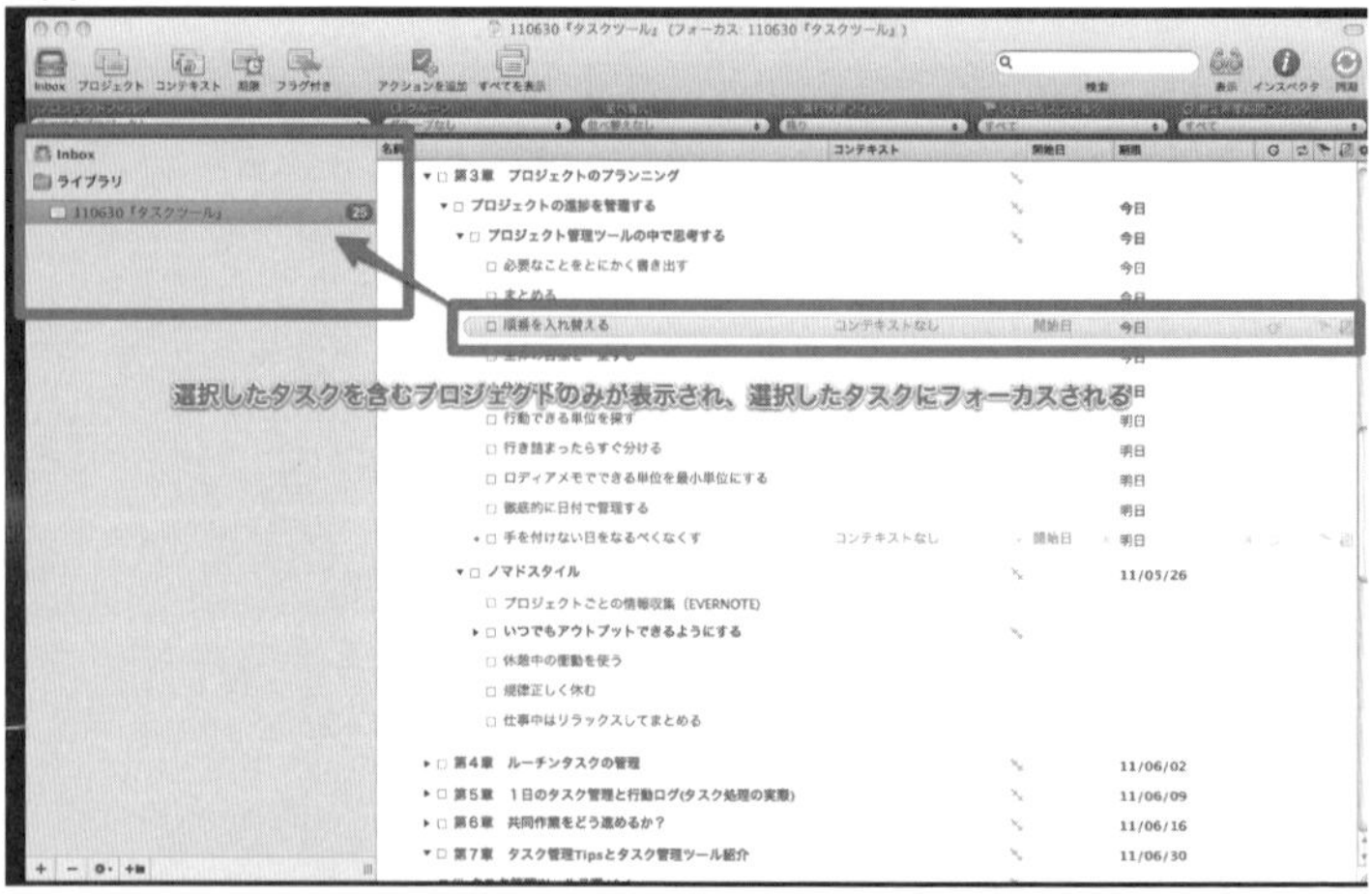

5 小分けにする

プロジェクトを小さな単位に分けていく必要につ

いては、タスク管理を解説したほとんどすべての書籍に書かれています。しかし、どのように小分けにしたらいいのかについては触れていない本がたくさんあります。

プロジェクトを小さな単位に分解することは非常に重要です。それによってタスクに取り組む気力がわき上がることもあれば、急速にしぼんでしまうこともあるほどです。タスクに取り組む気力がわくかどうかは、タスクの分解の仕方にかかってくると言っても言い過ぎではありません。

では実際にどうすればいいかといえば、難しくはありません。タスクを見て即座に実行できるかどうかが基準です。できるならそれ以上分解する必要はありません。できないなら分解する必要があるのです。

たとえば「生命保険に入る」というプロジェクトを考えてみましょう。

ものすごく詳しいか、ほとんど何も考えずに即断即決できるのでない限り、このプロジェクトが1日以内に完了することは考えにくいものです。

私は本書を書いている真っ最中に、知人のすすめに従って生命保険に加入したのですが、想像していたよりも遥かにスムーズに事が運びました。

読者には十分想像がつくことだと思いますが、ありとあらゆるパターンに従って最初からタスクが小さく分けられているからこそ、数日にわたるプロジェクトをなんなく完了できるわけです。保険屋さんの方が「小分け」にしてくれているわけです。人に頼まず自分で全部やれば、おそらくお金は節約できるでしょう。つまり私の家まで来てくださる保険屋さんに支払うお金があるのです。それは「小分け代」なのです。

プロジェクトを小分けにしたくらいでやる気がわくはずがないという人がよくいるのですが、それは大変な思い違いです。車のディーラーや保険のセールスの方が実際にやっていることは、プロジェクトを小分けにすることなのです。小分けにして、滞りなく完了するように手配してくれるからこそ、「保険に入る」というモチベーションのわきにくいプロジェクトを多くの人が完了させられるのです。

保険に加入したからといって直近でいいことは何もありません。CMのマスコット人形がもらえるくらいのものです。そもそも「保険に入っていてよかった！」と思うことがあるとすればそれは何か災難に見舞われたケースだけです。こんな後ろ向きなタスクがスムーズに片付かないのであれば、とても「やる気」になりません。非常に多くの人が「三日坊主」つまりパンフレットを眺めるだけに終わるでしょう。

保険のセールスの方はプロジェクトを完了させるための3原則を完璧に守っていらっしゃいます。

①行動できる単位を探す
②行き詰まったらすぐ別プランを提示する
③徹底的に日付で管理する

①の行動できる単位を探すことが、最も重要です。私の保険の例でいえば、私が考えるべきリスクについて必要最低限の項目だけを提示してくれ、それへ対応するためのメニューも最低限のものだけを見せてくれました。「判断しにくいものを判断する」上で必要な情報なのです。

もし「判断するための資料を自分で用意する」ということから始めていたら、その時点で保険の検討をやめていたはずです。自宅まで来ていただき、書類をいくつか用意してもらい、それを読むだけで済むから「判断しようという気になった」わけです。

②の行き詰まりというのは、このケースでいえば私が決めあぐねることを指します。いったん生命保険に加入してしまえば毎月一定額の支払いが発生し、その分おいしいものが食べられるわけでも、DVDが届くわけでもないのですから、少しでも引っかかることがあれば決められなくなります。

掃除が苦手な人が「この絵はがきセットを捨てようか、どこかにとっておこうか、とっておくとしたらどこがいいだろう」と考えるうちに挫折してしまうことはよくあります。絵はがきセット1つに引っかかっただけで、「掃除」という一大プロジェクト全体がだめになるのです。「引っかかる」ということがあるのはそれだけ問題です。逆に言えば引っかかったら即座に別のプランを検討できれば、プロジェクトは前に進むのです。

絵はがきの例でいえば、「その絵はがきのようにとっておくかどうするかで悩んだものを一時保管する場所を決める」というプランがあります。「思い切って捨てる」という手ももちろんあります。正解など、ないのです。正解がないのですから、家族に相談するという手もあるでしょう。家族に相談するという手があるなら、ほかにも家族に相談すべきものも出て来るはずです。

このようにして「小分けにする」過程の中で「新しいプラン」としていくつかのタスクを束ねられる項目が登場するはずです。小分けにするというプロセスは、ただただプロジェクトが小さくなるばかりではありません。最初は思いつかなかった中項目が生まれ、それにぶら下がるべきタスクが移動するのです。つまりプロジェクトが構造化されるということです。

次に③に進みましょう。

保険のセールスの方は契約にこぎ着けるまで「約束」を取り交わそうと努力します。私などは話を聞く間は保険加入のプロジェクトを前に進めるモチベーションを保っていますが、2日3日とたつうちに急速に忘れていきます。モチベーションも一緒に忘れていきます。そのうち契約することも、保険について検討することも、何もかも面倒くさくなってしまうのです。

しかしセールスの方は完全に忘却することを許しません。とにかくコンタクトをまめにとり、少なくともリマインダーとしての役割を果たされます。記憶をこのようにしてつなぐことで、結局プロジェクトは前に進むのです。

自分でプロジェクトを進める場合もこの点は厳守するべきです。進めたければプロジェクトのタスクには全部日付情報を入れましょう。すでに述べたとおりの話です。

ここで、プロジェクトを小分けにしてタスクに日付を与えたことで、書棚の整理がうまくいった実例を紹介しましょう。私自身の例です。次の図3–17のような書棚を整理したときに、OmniFocusを利用したのです。

プロジェクトを完遂した暁には、書棚の大きなスペースが空くはずです。書棚の一区画を大項目。区画ごとにやるべきことをタスクとしてぶら下げてやります。そしてそれぞれにムリのない期限を決めます。OmniFocusで表現すると図3–18のようになります。

こうやって日付を振っていけば、毎日やることは申し訳程度のことばかりです。「捨てる本をピックアップする」だとか「縛る」など、1日ずつやることもないように思われるでしょう。

でもこうやっていく限り、一度にやることで「大変だ」と感じることはまったくありません。たしかに日数はかかりますが、いつか必ず書棚の空く日がやってきます。書棚が空くというイメージを持つ必要もありません。

ただただOmniFocusの指示に従って、Toodledoの「今日の10-12」というセクションにタスクを移し、時が来たら縛ったり捨てたりするだけです。そのうちに書棚は空き、隣の書棚から本を移せば、図3－19のようにがらんとした書棚が現れます。

■図3-17　書棚整理時に撮影した写真

毎日やったことは9分30秒程度。この計画を立てるのに使った時間は7分56秒。もちろん慣れなければ面倒そうに感じられるでしょうが、「時間がかかりすぎ。よほどの閑人でもなければとてもやれない」などというのは私にはウソっぽく聞こえます。

もちろん繰り返しになりますが日数はかかります。計画を立てた日は6月14日で、計画を開始したのが6月15日。金曜

■図3-18

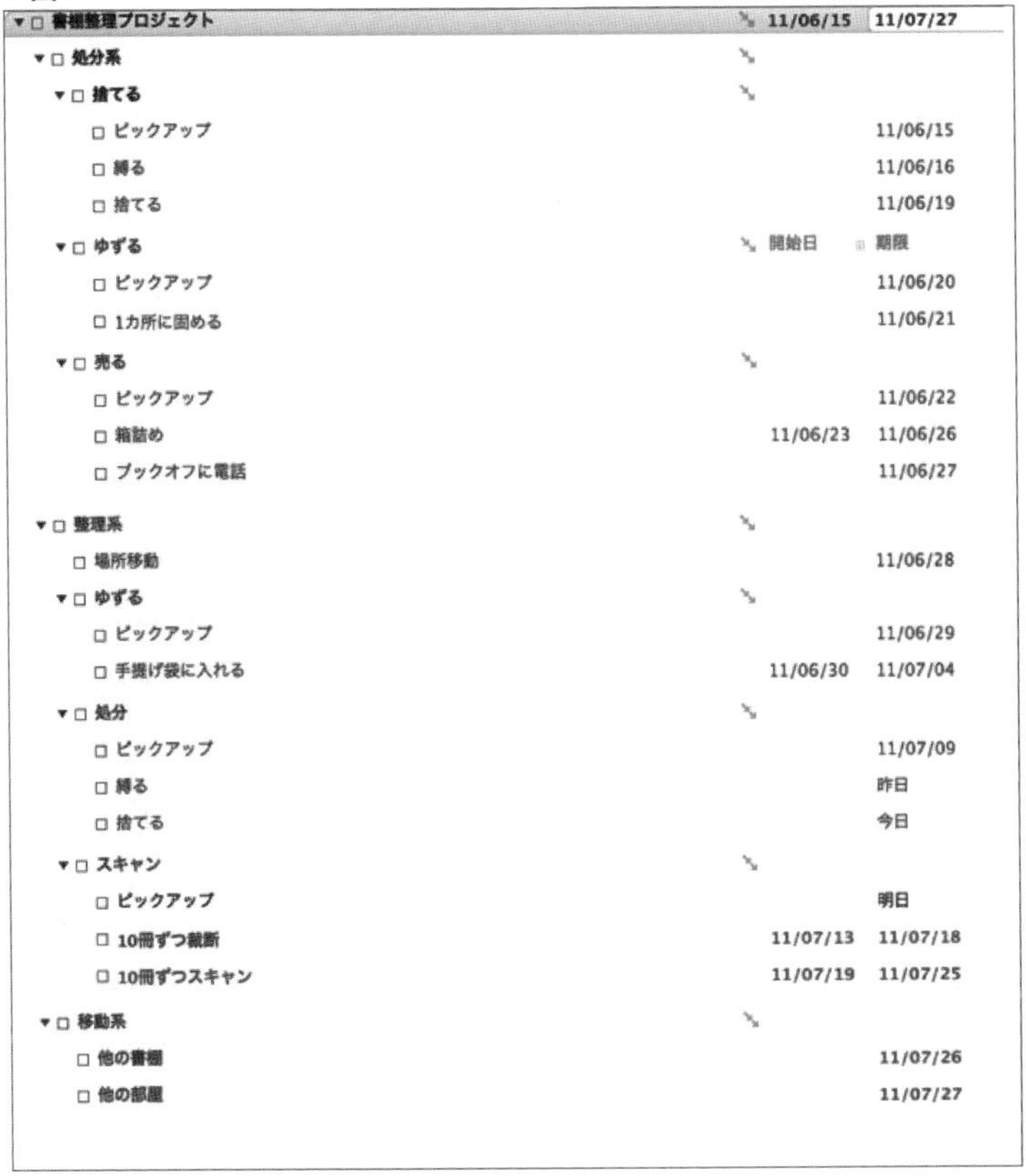

書棚整理プロジェクト		11/06/15	11/07/27
▼ 処分系			
▼ 捨てる			
ピックアップ			11/06/15
縛る			11/06/16
捨てる			11/06/19
▼ ゆずる		開始日	期限
ピックアップ			11/06/20
1カ所に固める			11/06/21
▼ 売る			
ピックアップ			11/06/22
箱詰め		11/06/23	11/06/26
ブックオフに電話			11/06/27
▼ 整理系			
場所移動			11/06/28
▼ ゆずる			
ピックアップ			11/06/29
手提げ袋に入れる		11/06/30	11/07/04
▼ 処分			
ピックアップ			11/07/09
縛る			昨日
捨てる			今日
▼ スキャン			
ピックアップ			明日
10冊ずつ裁断		11/07/13	11/07/18
10冊ずつスキャン		11/07/19	11/07/25
▼ 移動系			
他の書棚			11/07/26
他の部屋			11/07/27

と土曜はお休みにしています。それに最近家族旅行で4日間空きました。たったこれだけのことに1カ月以上かかってしまうわけです。

ただ最近ちょっと話題になっているような、「掃除は一気にやりきってしまわないと、いつまでも片づかない」というのはウソだと思っています。少なくとも私には当てはまらないケースです。じりじり進めればいつか必ず片付きます。必要なのはごく当たり前の能力で、何ら超自然的な力は使わなくてもできることです。

もう1つ、心理学者ですらよく「片付ける能力」と養育歴をからめたがります。はっきりいってあまり関係ありません。私は父母どちらよりもこの手のことが得意ですが、妹はやけに苦手としています。私は実家も「階層式」で片付けさせたいのですが、「そんな面倒そうなことがよくやれる」などと、まるで私のアンチのようなことを両親にまで言われる始末なので、我慢するようになりました。

■図3-19
図3-17の書棚を整理し終わった様子

掃除はあまりビジネスライクなサンプルではありませんし、にもかかわらずいかにも階層式に具合のいいネタと思われるでしょう。しかし階層式が具合がいいのは、私達の「頭」にとってです。ですからプロジェクトを進めるのに階層式を適用するのは、掃除に限らずうまくいくことが多いのです。

6 ノマドスタイル

それでは本章の最後でプロジェクト管理がもたらす画期的なワークスタイルをご紹介しましょう。最近、所々で耳にする「ノマドスタイル」がそれです。

「ノマド」とは遊牧民という意味です。少し古い言葉で言うならノマドワークスタイルとは、モバイルワークスタイルです。

一般的に「ノマドワークスタイル」などと言うと「カフェに小型軽量パソコンを持ち込んで仕事をすること」と思われているようです。気分転換にもなるし、オフィスにこもりっきりで電話などに邪魔されるよりも仕事がはかどるのかもしれません。それは洒落ていて気持ちよさそうではありますが、私は「ノマド」の価値をそれとは全然違ったところに求めます。

ノマドの価値というものは、不安定な心と脳のエネルギーを最も効率よく利用できるところにあると思っています。

心理状態というのは不安定なものです。さっきまで元気満々だったとしても仕事のミスが見つかったりするとたちまち落ち込んでしまうこともあります。しかし昼食をとってみるとすぐに元気にもなります。集中力も「集中するぞ！」と思えばできるものではありません。アイデア発想も「アイデアがいるんだ！」と危機意識を持ってみても出てこない時には出てきません。

いっぽうで街をぶらついていると不意にすごいアイデアにぶつかったり、電車の中で急に仕事をする気になることもあります。

そんな「急に脳の状態が理想的になった」タイミングを逃すことは非常にもったいないことです。9時にオフィスで真剣になれば脳の状態が理想的になってくれるというわけではないのです。

急に脳の状態が理想的になったら、その場でできる限りのことをしたいものです。それを可能にするのがノマドワークスタイルなのです。

7 手元にあるプロジェクトを調べてその場で仕事を片付ける

ここではOmniFocusで実例を挙げましょう。私自身はこのツールを使っているのでそれがいちばん実際の様子に即しています。

やり方は簡単です。ふだんは低血圧で、必ずしもやる気に満ちているとは言えない私ですが、どうしたわけか血のめぐりがよくなって、「少なくとも今ならどんどん原稿が書ける」という瞬間に恵まれます。

そんな時には手元のiPhoneを使います。iPhoneにはOmniFocusというアプリが入っています。これはインターネットを介してＭａｃのクライアントソフトと同期がとれるのです。したがってプロジェクトに関する最新情報が常にすべてそこにあります。

脳の状態が最高になった時、必ずしもＭａｃが目の前にあるとは限りません。運悪く満員電車の中でそういう状態が訪れることもあります。それでもiPhoneならば使えます。

プロジェクトについて、たとえばiPhone版のOmniFocusでは図3－20のように表示されます。ほとんどの場合、休んでいても仕事をしていても考えることは、このうちの1つか2つのプロジェクトに関することです。

　たとえばこの本に関するプロジェクトには図3－21のような親タスクが並んでいます。

　こんなふうに私は、本を書くという「プロジェクト」が決定すればすぐに章立てをタスクにしてしまうのです。そしてその章の中で書くことをタスク化していきます。本を書くということは、節ごとに文章を書くのですからタスクです。それをいつどこで書きたくなるかわからないのです。あるいはいつ文章にすればいいアイデアが発生するかわからないのです。ですからいつでもどこでもプロジェクト、章構成、これまでの文章、メモごと全部を持ち歩いていた方がいいのです。

「それではいつでもどこでも仕事をすることになる」と言われることもあります。有り体に

■図3-20

■図3-21

言えば、そうなります。私はこういうことを考えるのが好きなので、それは苦になりません。極端に言えばこういうことを偏愛しているとも言えます。1日中こうしたことをむしろ考えていたいのです。

けれどもそうではないという人もいるでしょう。1日中仕事のことなど考えていたくはないと。それは自然だと思います。しかしそういう人であってもこのような仕事のやり方は有用です。なぜならばたとえそれほど面白い仕事ではなくても、やはり「脳が仕事向きの状態になっている時」に取り組んだ方が気分がいいですし、結果もいいからです。いつでもどこでも仕事に取り組める状態にしておけば、仕事に取り組まなければならない時に調子が出なくても、精神的にはラクでいられるのです。

大事なことは、仕事の中でいちばん大変なことをいつ、どこでやるかです。オフィスで調子が出ないという人はたくさんいます。それらの人はむしろ楽な仕事をオフィスでするべきでしょう。

図3–22の画面を見ればおわかりのように、OmniFocusではタスクごとに「メモ」を残すことができます。私は特に初期の段階では、このメモをどんどん埋めていきます。タスクごとのメモを埋めていくのです。

おそらく昔物書きを職業にしていた人は、図書館で調べ物をしたり、散歩中に思いついたことをメモとして書き残しておいたはずです。それらを1カ所にまとめ、分類し、整理して原稿を作っていったはずです。

やむを得ないことですがこのやり方だと、メモが散逸する恐れもありますし、すべてのメモを漏らさず使い切れるかどうかはわかりません。せっかくメモにすばらしい言い回しやアイデアを残したのに、それは本の中に挟まっていて、書籍を刊行してからメモが見つかったということもきっとあったはずです。

また、小型パソコンやスマートフォンのない時代に持ち歩けるのはせいぜい「ノート」です。ノートでは自分の関わっているすべてのプロジェクトとそれに関わるすべてのタスクや資料などを、全部書くわけにはいきません。つまり、散歩中にペンとメモを持ち歩くことはできても、自分が関わっているプロジェクトのことは頭で覚えておかなければいけないわけです。

しかし今はそれをせずに済みます。散歩中であっても、カフェであっても、「今は何に

■図3-22

ついて考えれば最も生産的か」までプロジェクト管理ツールに教えてもらえます。どこまで考えたかも教えてもらえます。本当の意味で何も考えずにふらりと出歩いていても即座に仕事ができるわけです。これこそが脳の不安定さを最大限補うために必要な環境です。

Chapter 4

タスクのルーチン管理

本書で最も重要な内容は、前の第3章だったかもしれません。しかし、仕事を前に進める上でいちばん鍵を握るのは本章のテーマだと思っています。ルーチン。

意外にこれを重要視していない人もいます。ToDo管理ツールの中には、「繰り返し設定」がないものすらあるのがいい証拠です。しかし「ルーチンタスク」の管理が上手にできれば、仕事の七割はうまくいくと少なくとも私は信じています。なぜなら毎日繰り返すルーチンこそ、最も自然に、最も無理なくこなすことができるからです。

ここでルーチンタスクというものをもっと詳しく考えてみます。ルーチンタスクには次のようなものがあります。

❶単発のルーチンタスク
❷ルーチンの予定
❸プロジェクト自体がルーチン化しているもの

仕事にもよりますがこの3つを合わせると、タスクの大半を含むことになるはずです。

❶はたとえば通勤です。「それは予定だ」という人もいるかもしれません。「タスクではない」という人もいるでしょう。しかし私に言わせればこれは「タスク」です。「開始時刻」が必ずしも定かではないから「予定」ではありません（ただし「8時22分の準急に乗る」ということが絶対的に決まっている人もいます。その場合には「予定」とほぼ同義になります）。また、「仕事のために相当のエネルギーを費やす」のですから「タスク」なのです。

ほとんどの人の場合「通勤」は1つのタスクとして認識できます。「毎日何を達成しているのかわからない」とか「ToDoリストを作っても一向にリストが減らない」などという悩みをお持ちの人はぜひ「通勤」というタスクを作って、これに時間を見積もってください。「バカげている」と思われるかもしれませんがバカげていません。人によっては「仕事でいちばん大変なのは通勤」というビジネスパーソンもいるのです。いちばん大変な仕事がタスクではない、などということがあるでしょうか？　いまだにたいていのサラリーマンは、通勤しなければ何も始まらないのです。ですから「通勤」という「タスク」をルーチンタスクとしてリストの一番上に置いてもいいのです。

■通勤　毎日（繰り返し設定）65分（見積もり時間）

機能的にこれすら入れることのできないタスク管理ツールなど、決して使うべきではないといってもいいくらいです。

ふだんからやっていることをタスク管理ツールには全部入れていきましょう。そうすれば「完了させることができない」などということはなくなります。「食事」も私は入れています。絶対にやるからです。やれば必ずチェックして完了扱いにできます。

もちろん私が1日にやるすべてのことを「Toodledo」というタスク管理ツールに入れているのは完了予定時刻を知るためであって、「チェックして勢いをつけるため」ではありません。しかし定期的に苦もなくできることが書かれてあった方がやる気にはなります。

以前はこういうことをするのはいささか「バカげて」いたかもしれません。なぜなら手で紙に書かなければならなかったからです。毎日毎日、「通勤」「朝食」「トイレ」などと書いていくのはたしかに面倒くさくてやっていられません。

しかし今はITツールがあるのです。一度入力してしまえばあとは「毎日（繰り返し）」と設定するだけです。チェックを入れたあとは何もしなくても項目がリストに復活してくれます。

特に「食事」は大きな達成感が得られます。見積もり時間が大きいからです。終わらせるとすごいことをやった気になれるのです。

ところで、❶の「単発のルーチン」は実は「ルーチンセット」とすることもできます。「通勤」と一口にいっても「ハンカチを持つ」とか「駅まで走る」とか「乗り換える」など、いろいろとやることがあるでしょう。「単発のルーチン」を「ルーチンセット」として小分けにし、最適な順番に並べてあげれば、毎日そのリストを見たままに行動するだけで済むようになります。「通勤で疲れてしまう」人は絶対にやってみるべきです。見たままを行動に移すだけだと、楽になれます。

「そんなリストは作ったこともないから作れない」という人もいますが、簡単に作れます。自分がやったとおりの行動をまず書き出してみればいいのです。おそらくそれには不満な点が出てきますから少々修正を加えます。いつも駅まで走っているのが不満なら、走らなくても済むような時間に出発すればいいわけです。財布を忘れて窮地に陥ったことがあれば、「財布を持つ」というタスクを組み込めばいいのです。傘を忘れて気持ちの悪い思いをしたなら、「天気予報を見る」というタスクを追加すればいいわけです。こうして徐々に改善された「自分なりに完璧なリスト」に従うだけで、たまりがちな疲れのもとを減らすことが可能です。

次に❷の「ルーチンの予定」があります。ビジネスパーソンであれば典型的なものは「会議」でしょう。毎週（あるいは毎日）繰り返され、しかも「開始時刻」が決まっています。

もっともこれを管理すること自体は、そう難しくありません。図4―1はGoogleカレンダーの設定画面ですが、今どきのITツールであれば毎週「日」「月」「火」「水」だけ予定を繰り返す設定など、ふつうにできます。

■図4-1

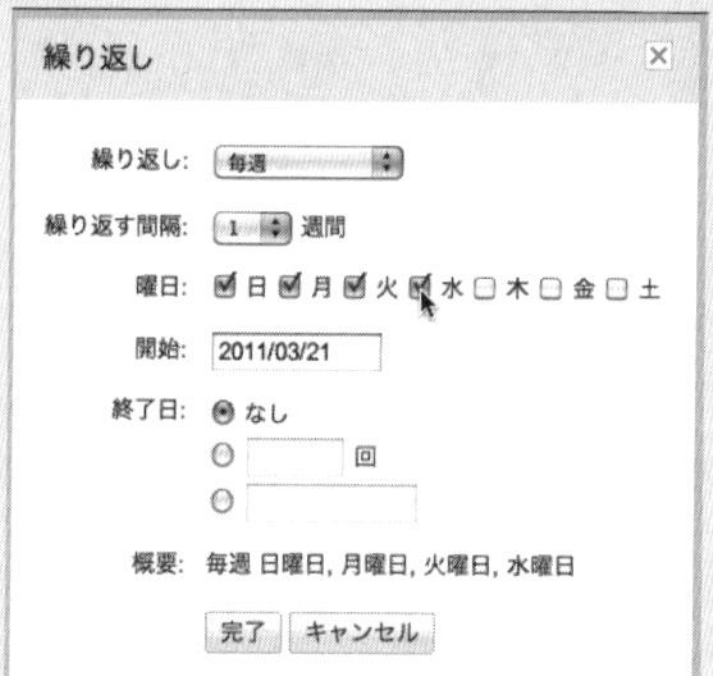

問題はタスク管理ツールとの連携です。これは「予定」であるからカレンダーに入ります。だから「タスク管理ツール」の方には入ってこない。ですが私はこれも1日の最初にその日の分だけは「タスク管理ツール」に移すようにしています（図4―2）。ここは強調しておきますが、手で入力しています。非常にITらしくないことをやっています。

予定もまた時間を要求するのです。そして予定も仕事である以上タスクです。予定とタスクの両方に、私達は時間をつぎ込みます。会議中、会議は完全にそっちのけでずっと自分の仕事をしていられるという環境ならいざ知らず、会議中は他の仕事を進められないのであれば、「会議」という「タスク」もタスク管理ツールで管理して、「時間の見積もり」の中に組み入れるべきでしょう。

最後の❸がこの3つのリストの中では最も重要です。「ルーチン型のプロジェクト」

■図4-2

■図4-3

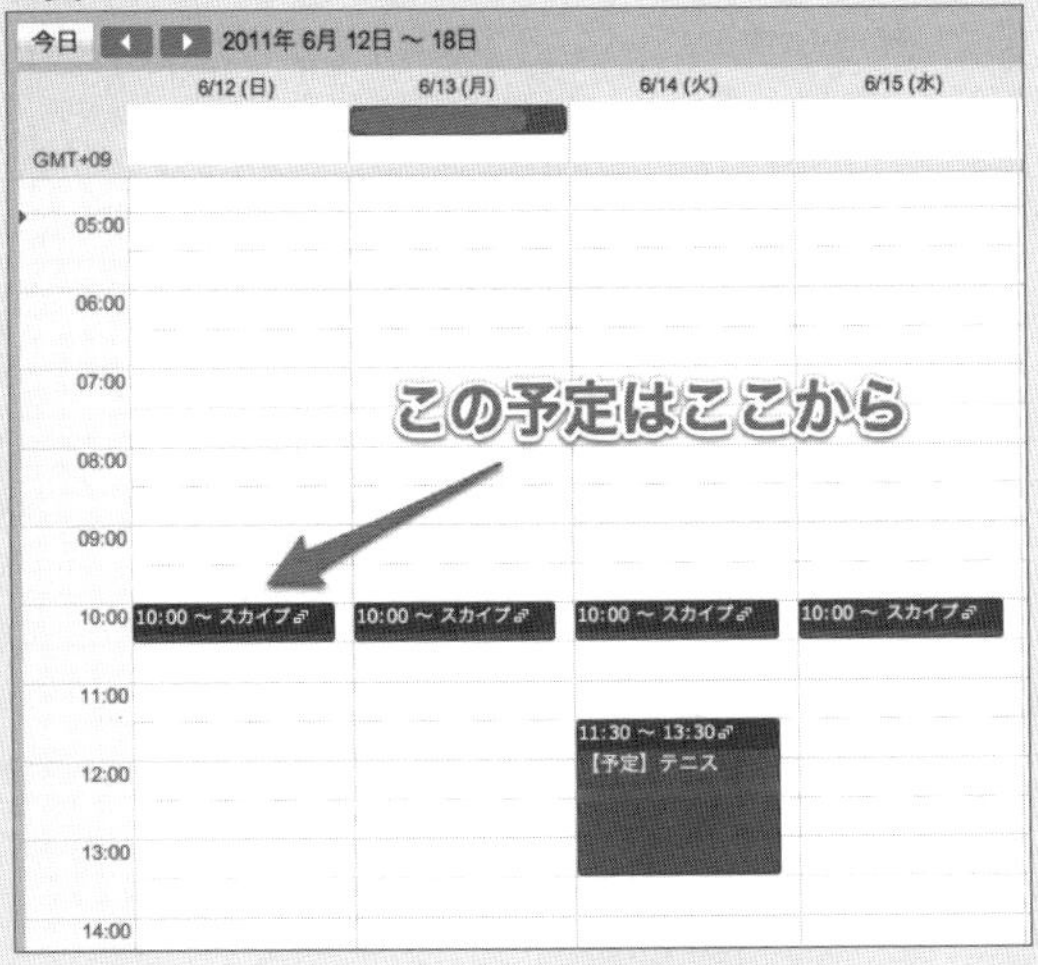

です。たとえば毎週・毎月繰り返すことはたいていルーチンのプロジェクトです。

「毎月末には経費精算を経理担当者に提出する」とすればそれはルーチンのプロジェクトとなります。ルーチンのプロジェクトは慣れてくると1日足らずで終わらせることも可能ですが、それはあまりいい結果を生まないものです。

たとえば私は1日の終わりに、次のリストをすべて完了させます。

□レシートの内容を家計簿に付ける
□銀行口座の収支を家計簿に付ける
□クレジットの利用明細を「10」と名のついたファイルに入れる
□郵便物に支払明細があればそれを毎月の青いファイルに入れる

これをしておくだけでも、年度末の税務処理が圧倒的に楽になります。これを「3月にまとめてやる」という人の気持ちがわかりません。右の4項目を毎日やっても、1日5分とかかりません。そしてまったく疲れません。

これは年間のルーチンプロジェクトです。青のファイルには収入が集まり、「10」のファイルには支出が集まっているので月ごとの支出ファイルにまとめます。家計

■図4-4

Folder	Task	Length	Repeat	Context	Timer	Due Date / Ti…	'Tag
Due in the next 7 days							
222205BP	ラフを書く	25 mins	Weekly	B=6-8		2011-06-05	日
222205BP	執筆	40 mins	Weekly	G=16-18		2011-06-06	月
222205BP	校正＋送信	25 mins	Weekly	F=14-16		2011-06-07	火
222205BP	原稿戻り修正	25 mins	Weekly	B=6-8		2011-06-08	水

Total Estimated Lengths: **1.9 hours**　Total Elapsed Timers: **0:00**

簿からはエクセル形式にファイルをエクスポートして個人事業に関するレポートにします。

ルーチンプロジェクトをうまく進めるにはプロジェクトのタスクを一定の間隔で繰り返し発生させればいいのです。それを1日のどこかで淡々と処理するだけで十分です。成果は蓄積され、「提出日」には半自動的に物事を処理するだけで済みます。

私は典型的なルーチンプロジェクトとして「週刊連載」を持っています。たとえば「日経ビズカレッジ」[1]というウェブサイトの週刊連載を書いているのですが、これなどは典型的なルーチンプロジェクトです。

この連載記事を書くため、私は図4－4のようなリストを用意しています。

実際にはもう少し細かいのですが、概要としてはこのとおりです。このように毎週日、月、火、水にやるべきことをやりさえすれば毎週記事はアップできます。それぞれのタスクは「1日のどこか」に入っていればいいのです。

1　BPnetビズカレッジ〈日経BPネット〉　http://www.nikkeibp.co.jp/career/

1 レビューというルーチン

ところで私にはこれらの他に非常に重要視しているルーチンタスクがあります。レビューです。

私にとってレビューは通常2つあります。毎日のレビューと、毎週のレビューです。これをそれぞれ「日次レビュー」と「週次レビュー」と呼ぶことにします。

「週次レビュー」という言葉は、世界的に有名なGetting Things Done（GTD）[2]というタスク管理システムの中に出てくる用語です。私が毎週やっているレビューと、GTDの週次レビューは同じではないかもしれませんが、目的はおそらく似たようなものです。GTDでも「週次レビューが続けられない」という人の話はよく耳にします。ここでは私の週次レビューを紹介しますので、GTDを実践中の方にも参考にしていただければ幸いです。

最初に紹介するのは「日次レビュー」です。これは「週次レビューを軽減する」という目的と、「そもそも毎日やらないとできなくなることがある」という経験からルーチン化するようにしたタスクのセットです。

2　GTD（Getting Things Done）はデビッド・アレン（David Allen）が著書『仕事を成し遂げる技術 ―ストレスなく生産性を発揮する方法』（2002年）の中で提唱した個人用ワークフローの管理手法。

私の日次レビューの項目は図4―5のようになっています。

ほんのわずかな項目です。しかしこれを続けられるようになるまでには、それなりの苦労がありました。そもそもご覧になってわかる方にはわかるとおり、私はこれをOmniFocusで管理しています。私にとってのタスク管理ツールはToodledoです。

OmniFocusはプロジェクト管理ツールです。Toodledoでもこの4項目を「繰り返し設定」にして管理することなど簡単にできます。なのにわざわざプロジェクト管理ツールで管理しています。それにはもちろん理由があります。

この4項目は最初からこうした項目になっていたわけではないのです。これは大変な試行錯誤の結果見出すことのできた4項目です。

しかも私はこれらを1日の最後にやっているのではなく、1日の最初にやっています。起きてすぐやることは、日次レビューなのです。

日次レビューとはいったい何をしたらいいのか？　私にはそれがよくわかっていませんでした。だからたくさんの項

■図4-5

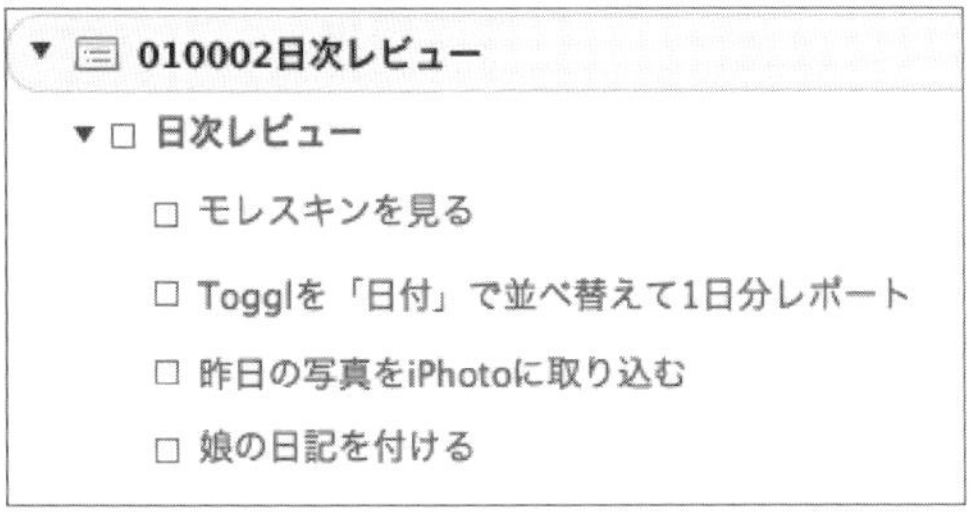

目をとりあえずやろうとして、挫折していたわけです。最初のころにはたとえば、1日のレポートを詳細にまとめ直したりしていたこともありました。それには時間がかかりましたが、時間がかかるということよりも問題だったのは、その結果自分がやりたいことをできてないように思えたことです。

私のやりたかったこととは、「昨日やったことをもう一度詳細に思い出す」ということでした。それによっていくつかのことが得られます。1つはモチベーションでした。ライフログ、などと最近は言われていますが、充実した時間記録や日記、あるいは行動記録を眺めると多少でもうれしくなるのは（そうしたものを持っている人を少しうらやましいと思うのは）、自分がやったことのフィードバックを得られるからでしょう。モチベーションとは、自分が何かを成し遂げた結果を認識することで高められます。自分自身の行動のフィードバックがモチベーションを高めるのです。日記は自分の生きた活動のフィードバックですから、それが充実していれば生きることのモチベーションが高まるのです。

これが毎日レビューを行う私の目的ですが、もう1つはもっと実用的なものです。時間の使い方や行動の修正を自分に促すためです。

毎日レビューを読み返しているのですから自分の行動が「完璧にはほど遠い」ことくらいすぐに自覚できます。時間の使い方も、見積もりどおりにいくはずがありません。しかし、見積もりというのは決まって超過するのが面白いところです。時間が余るということは残念ながらめったにありません。レビューによって改善することが多いのは、行動の仕方というより、時間の見積もり方です。いつも自分はムリをしようとしている。レビューで気づくことが多いのはそういうことなのです。

もう1つレビューの大事な目的は、もっと記録を残そうという気持ちを盛り上げてくれるところです。これは前述したことにも重なりますが、記録はいつも中途半端で情報不足感が残ります。少なくとも私は記録をとることが得意でないので、そうなりがちです。レビューを毎日続けることで、「もっと詳細な記録が欲しい」と連日思わせられるのです。その毎日の思いは、「もっと記録をとろう」という気分を後押ししてくれます。記録をこまめにつけるのは面倒なため、そんなカラクリも私には必要なのです。

ここで先ほど述べたポイントに戻ります。

なぜ私はタスク管理ツールでレビューを管理せずにプロジェクト管理ツールを使っているのか?

レビューは簡単ではないから、というのがその答えになります。

今述べたとおり、レビューでやることはけっこう細々としていて多岐にわたっています。試行錯誤もしました。頻繁にやることを変えたりもしてきました。

読み返す意味のあるログを残し、そのログを子細に検討し、今後に活かすというのは簡単なようで難しいものです。その難しさからどうしても先延ばしにしたくなります。そもそもレビューなどしなくても、仕事は何とか進むので余計にやりたくないのです。

そういう難しいタスクは何度もブラッシュアップして、自分に最適化させないと実行できなくなります。何度もブラッシュアップして自分に最適化させるには、細かな操作ができるプロジェクト管理ツールの方が向いています。

2 週次レビューと週次スタート

「週次レビュー」は「日次レビュー」の拡大版です。単純計算でも、週次ですから日次の7倍になります。

実際には7倍よりも苦労します。なぜなら日次は古くても24時間前のことを思い出せればできますし、翌日の計画を立てるのもイメージしやすいからです。しかし週次レビューは7日前のことを思い起こしながら、7日先の計画まで立てることになります。7日前のことというのはもうなかなか思い出せないのです。

週次レビューで私は、レビューするということと、1週間先までの計画を立てるところまでやります。

レビューと計画を同時にやるのはかなりきついので、2回に分けます。週次レビューと週次スタートに分けるのです。

❶ 週次レビュー

やることそれ自体は単純です。1日分ずつ行動ログをひたすら読み返し、「これは問題だ」と感じたところにチェックをして、すでにあるタスク管理ツールのタスク設定に反映させます。

私は実行したタスクのログを詳細にとっているので、読み返すのはかなり面倒くさく時間のかかる作業です。7日分に約40分を割り当てます。1日分単純計算で6分かけることになります。

図4－6が私の週次レビューの項目です。

非常にスッキリしたリストになっていますが、最初からこんなふうだったわけではありません。これもプロジェクト管理ツールであるOmniFocusでブラッシュアップしたおかげです。

Googleカレンダーで前後2週間の日付をチェックしたら、まず見返すのはEvernoteというデジタルノートに送ってあるライフログです。図4―7のような行動ログがEvernoteに送ってありますのでこれを見返します。

これはまだ朝の4時から10時までのログで、しかもところどころはしょってあるのですが、毎日見返しているものなので読むのにさほど苦労はありません。しかも問題のあると

■図4-6

■図4-7

日付	説明	期間
06-11	スケジューリング 000001日次スタート	23 min 04:26 - 04:49
06-11	原稿執筆 210630『タスクツール』	48 min 04:50 - 05:38
06-11	休憩 (no project)	7 min 05:38 - 05:46
06-11	ロディアのメモ処理 (no project)	30 min 05:46 - 06:16
06-11	日次レビュー 000002日次レビュー	21 min 06:16 - 06:38
06-11	Evernoteをゼロへ (no project)	6 min 06:38 - 06:44
06-11	日次レビュー 000002日次レビュー	3 min 06:44 - 06:48
06-11	週次スタート 000003週次スタート	40 min 06:48 - 07:28
06-11	休憩 (no project)	10 min 07:28 - 07:39
06-11	TwitterPR 000000プライベート	26 min 07:39 - 08:05
06-11	市川案 C1731ダイヤモンド	25 min 08:05 - 08:30
06-11	朝食＋ミメの世話 000000プライベート	1h 30 min 08:31 - 10:01
06-11	スケジューリング (no project)	4 min 10:01 - 10:05

ころしか見返しません。たとえばこの日、「ロディアのメモ処理」に30分もかかっていますが、それが問題です。こういうところをチェックして、なぜそんなにかかったかということや、逆にメモ処理が大事ならもっと日頃から時間をかけるべきなのかといったことを検討します。

次に同じくEvernoteでこの日1日の「ライフログ」をチェックします（図4−8）。こちらには文章と写真がところどころに入っています。先に見た行動記録はとった行動と時間が書いてあったのみですが、次のライフログにはもう少し子細な事が書かれています。ただしすべての行動についてではありません。あくまでも気にとまった行動についてだけを記録してあります。

ここになぜ「ロディアのメモ処

■図4-8

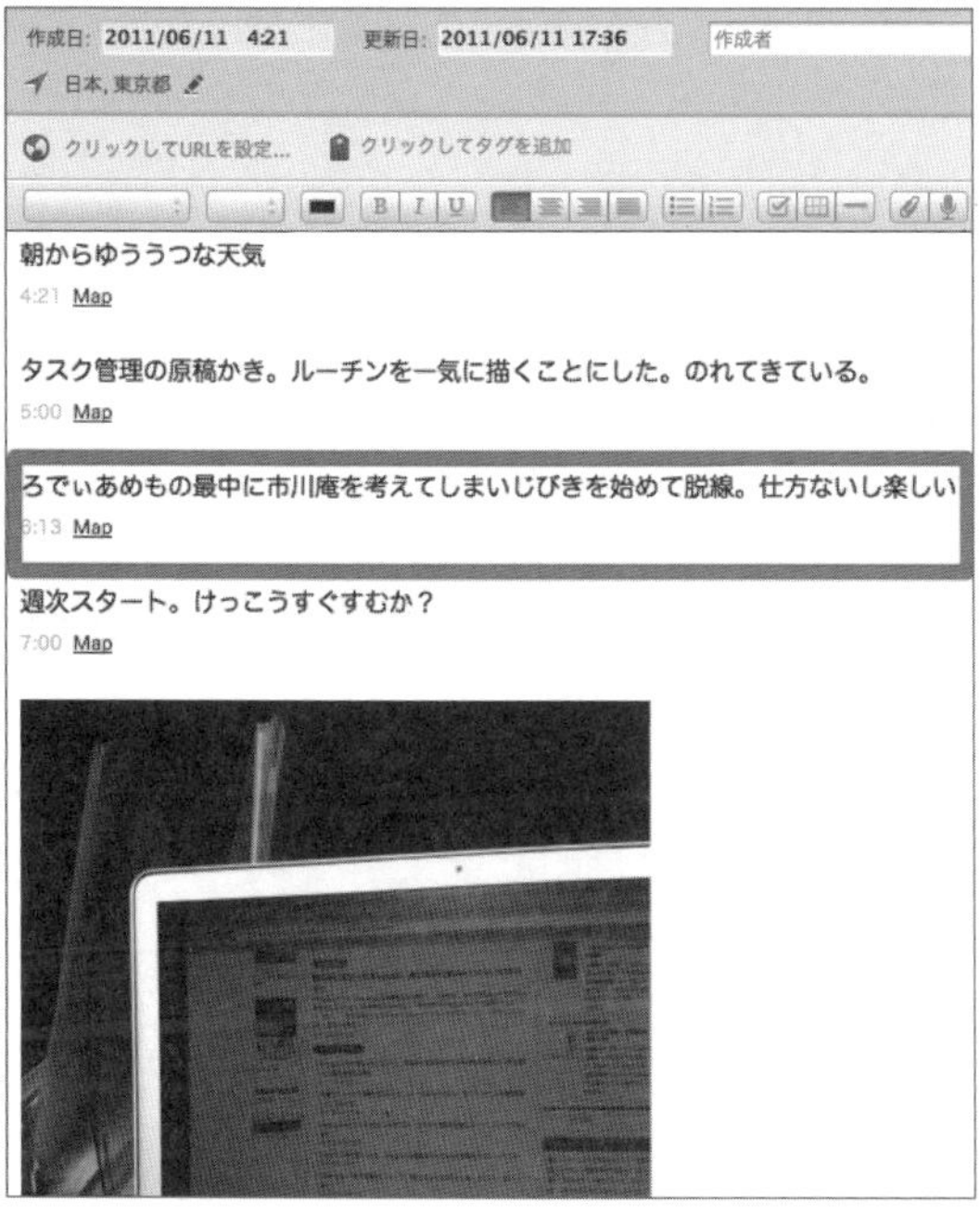

■図4-9

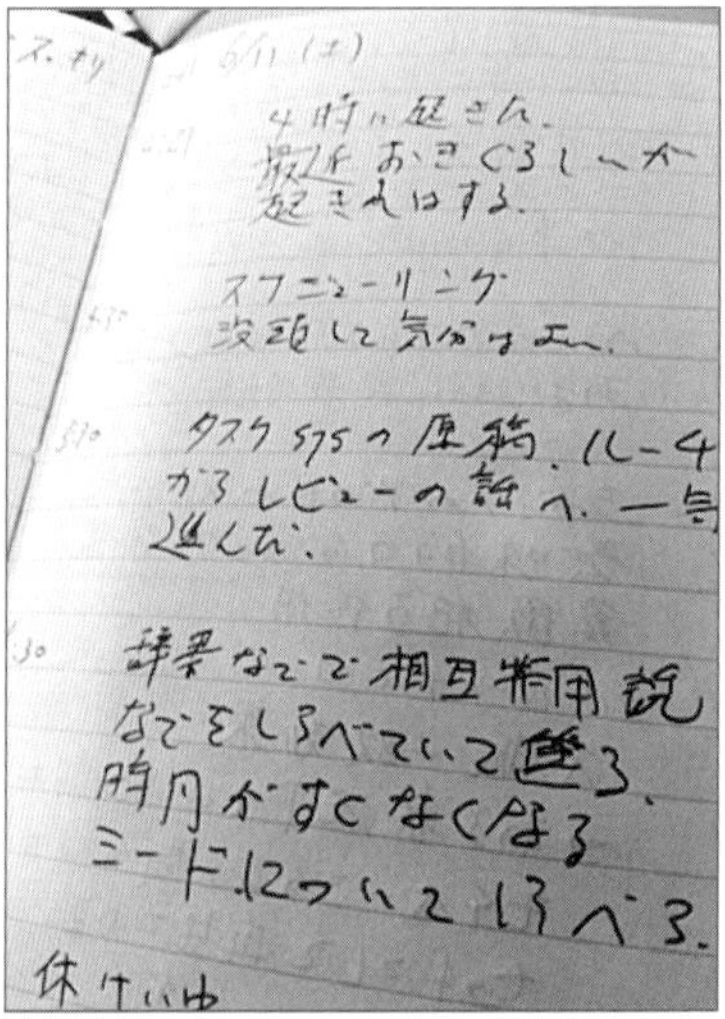

理」に時間がかかったかが書いてありました。この内容からすると、例外的なことのようですから必ずしもタスク管理ツールの内容をいじるほどではないと判断できます。誤字がたくさんありますが、これは「ライフログ」のようにとっさにとるメモであれば気にしません。

そして一見無意味な写真があります。これにはわけがあります。とっさにメモをとる時間も惜しいということもありますが、その場の雰囲気を残すほど私は文章表現力が豊かではないため、写真も残しておくことで記憶の再生を容易にするのが狙いなのです。面白くも何ともないＭａｃの画面を撮っていますが、これを見返すと何をしていた時のことか私には如実にわかるのです。

この後さらにモレスキン手帳に書き残してあるログを読み返します。この頃になればさすがに記憶力に乏しい私であっても、この日に何をしたかくらいはかなり鮮明に思い起こせるようになっています。同じ日のモレスキンは図４－９のようになっています。

誤字が多くて字も汚いしあまりお見せしたいものではないのですが、内容がより詳しくなっているのがおわかりいただけると思います。これをEvernoteに転記したりはしない[3]ので、必要があって見返す時には全部読み返すことになります。ちょうど論文などの内容を詳しく知りたい時、参考文献や辞書を引いていく感覚です。

❷ 週次スタート

レビューが終わったら、次はスタートするためのプランニングです。

ここで私がやっていることは次の2つです。

- プロジェクトの統一
- 一週間の時間計画

■プロジェクトの統一

プロジェクトの統一というのは要するに何をするかというと、プロジェクト名を統一します。

3　転記するものもありますが、何もかもを転記することはしません。そうしなくてもいいように、モレスキンにタスクなどは記入しないようにしています。

私は現在24のプロジェクトを抱えていて、それぞれに名前をつけており、その名前のプロジェクトをタスク管理システム全部の中で管理しています。

つまり、

- Toodledo（タスク管理ツール）
- OmniFocus（プロジェクト管理ツール）
- Evernote（参照資料管理ツール）
- フォルダ
- Toggl（時間管理ツール）

この5つにおける「プロジェクト名」とその数は常に全部そろっていなくてはいけません。少なくとも自分はそうしています。

最初にこれを統一するのはたしかに面倒です。24×5＝120の操作を必要とします。ただMacやPCの操作でこの辺を自動化できる人は、もっと楽ができそうです。

ただ、120の操作と言ってもやることは「フォルダ名を変える」とか「プロジェクト名を変える」だけです。1つにつきかかっても5秒といったところですから、120工程

■図4-10

あっても10分で終わります。

休み休みやっても20分はかからないでしょう。一度このシステムを構築してしまえば、あとはプロジェクトを変えるたびに5つのツールのプロジェクト名を修正したり追加するだけなので、せいぜい1分の仕事です。

これをやっておくだけでも効果はとても大きいものです。たとえばデスクトップのファイルがきれいさっぱりなくなります。

私のMａｃのフルスクリーンは通常こんな感じです（図4－10）。とてもさびしいものです。しかしファイルをここに置いておいても仕方がないのです。ファイルは何らかのプロジェクトのための資料であり、それはプロジェクトフォルダの下位にあります。

　都合が悪いものは隠してありますが図4－11のようになっているわけです。そしてToodledoもOmniFocusもEvernoteもTogglも同じようになっています（図4－12、図4－13）。

　こうしておくことで、新しいタスクが発生したのちはToodledoに入力してToodledoのフォルダに割り当て、新しいプロジェクトのことを考える時はOmnifocusのプロジェクトをいじり、新しい資料がプロジェクトに関係するものならEvernoteに入れてそのタグ

■図4-11　Dropbox内のフォルダ

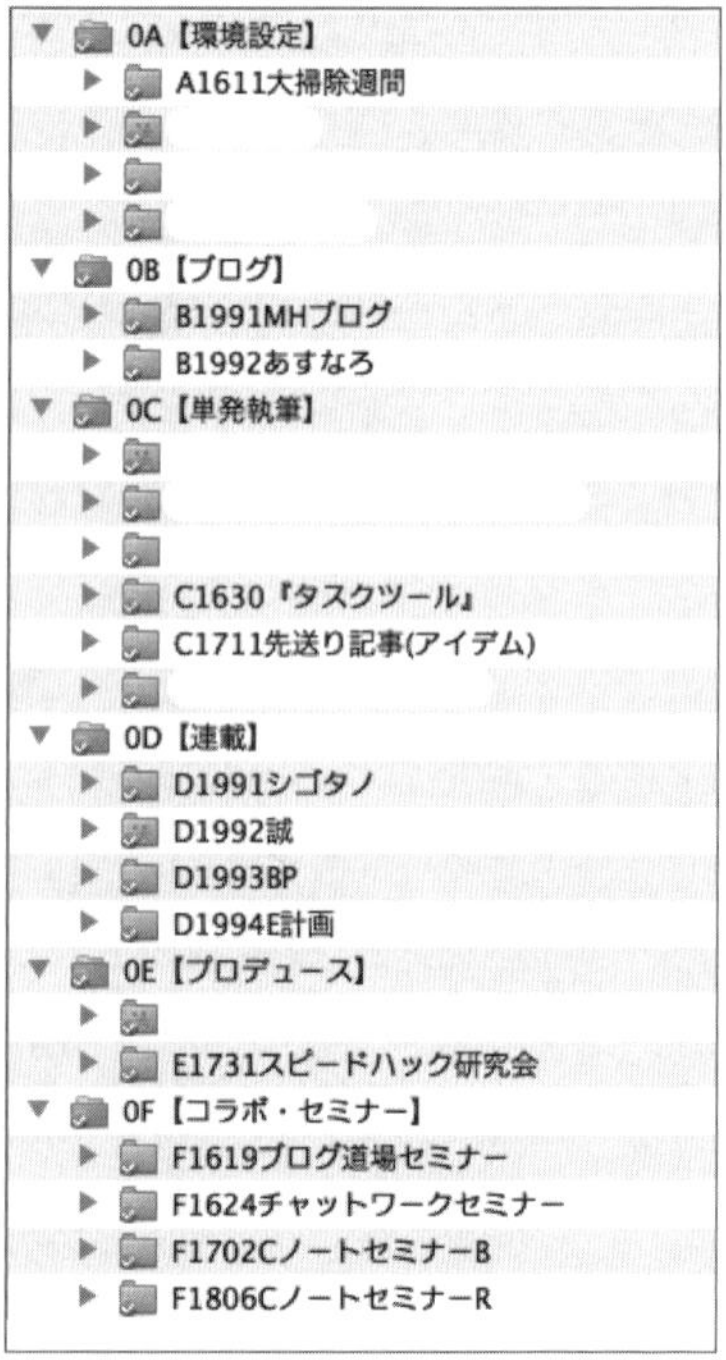

■図4-12　Evernoteのタグ

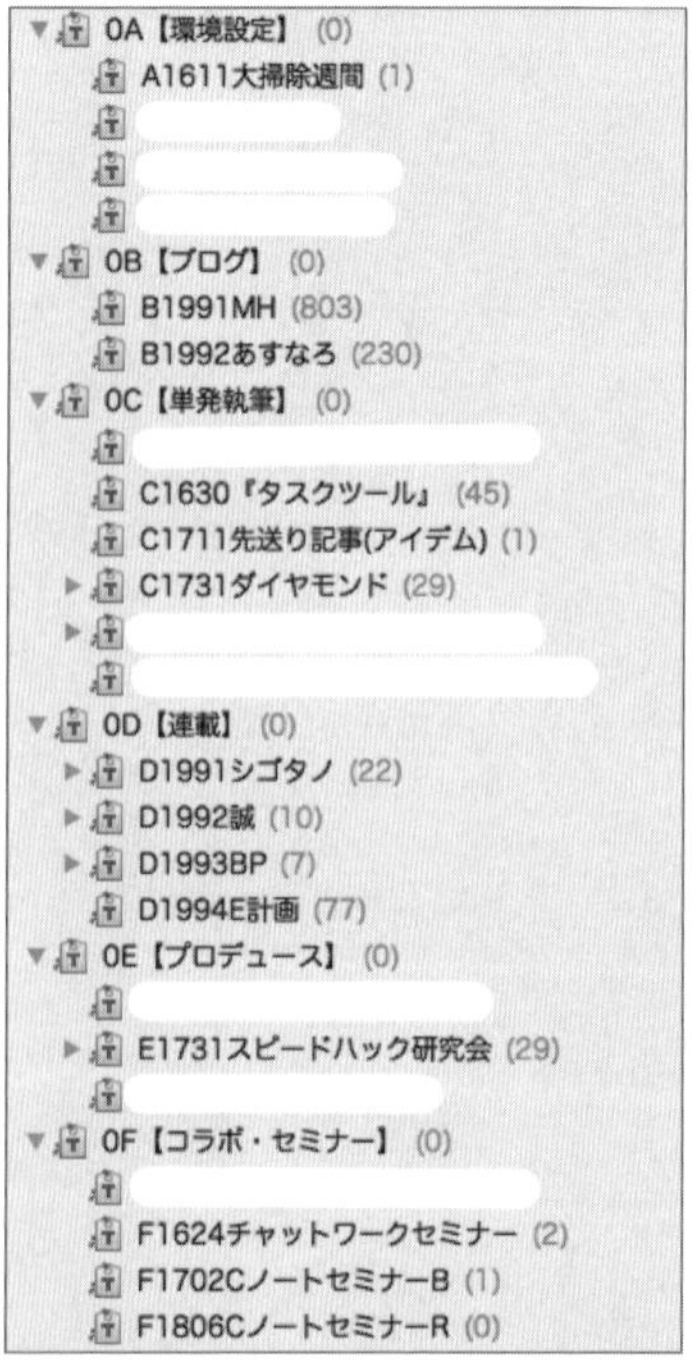

を付け、仕事が終わったらTogglに行動の記録をとってプロジェクト名を割り当てるのです。いつでも自分が発生させた情報には行き場があり、そこでの意味づけをすぐ決定できます。これができないといつまでも各ツールの「in-box」やパソコンのデスクトップに情報が滞留し、はなはだ使い勝手の悪いことになります。

もちろん、プロジェクトが完了したり棚上げにすることになったら、そのつど「完了」や「棚上げ」に移動することはします。「アーカイブ」とはこのタイミングで利用する考え方でしょう。

■図4-13
OmniFocusのプロジェクト

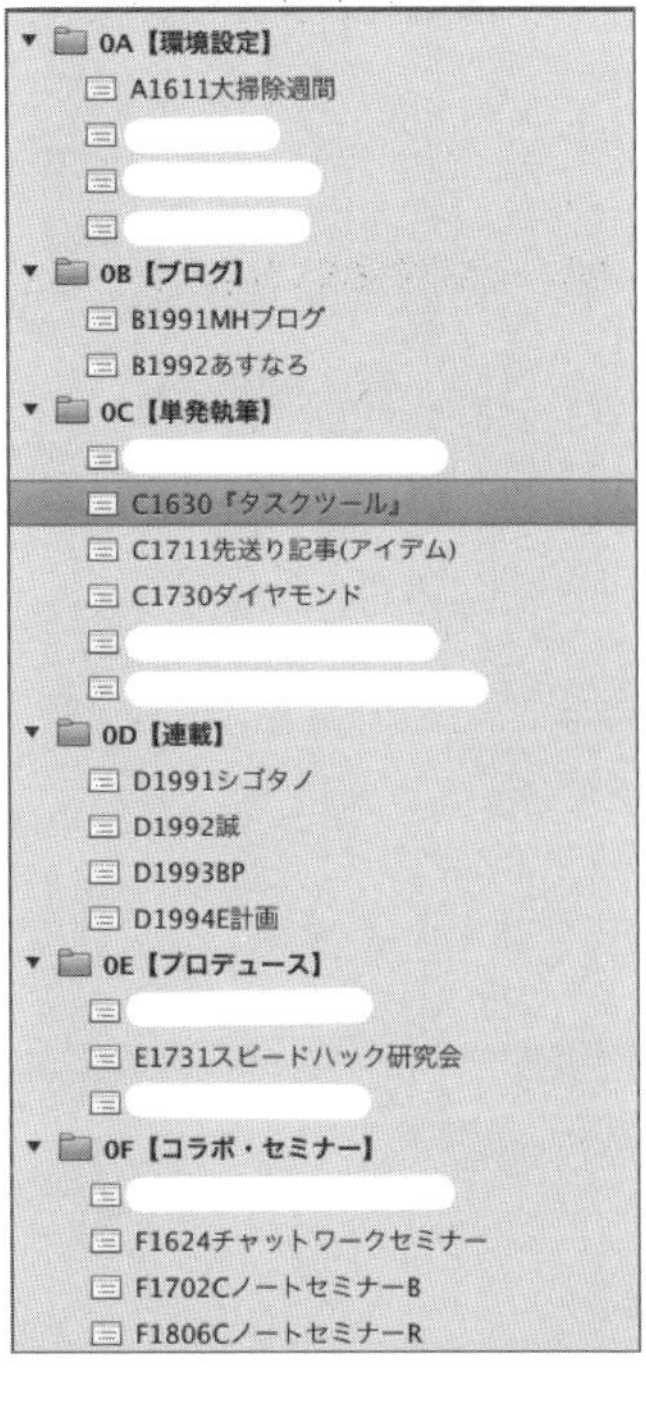

そのように操作するわけですから1週間に一度、すべてのツールの中でプロジェクト名と数が一致しているかどうかを確認するわけです。これも長い時間は必要としません。せいぜい10分です。つまり、次の1週間の時間計画と合わせて、週次スタートに必要な時間は長くても30分なのです。でもこの30分をかけてさえおけば、1週間を安心して乗り切る

ことができます。そう思えば少し表現は変ですが、実に安い手間です。

■1週間の時間計画

まずは図4－14を見てください。

これは今原稿を執筆している今日（2011年6月15日）の時間計画ではありません。1週間後（6月22日）に予定されている時間の使い方です。

セクションA（4時から6時にやること）が2時間枠なのに2時間を超過しているのと、セクションB（6時から8時にやること）がやはり2時間を超過しているので、多少の調整が必要です。この調整をするのが「週次スタート」の最大の目的です。

ただこの日は4時から18時という14時間の中に、13・67時間しかタスクの予定がないので調整は楽です。この中には起きてシャワーを浴びて手の爪を切るといった、細々とした活動が全部含まれていますから「見積もり時間」がよほど狂っていない限り、4時に始めれば18時には必ず終わります。

■図4-14

現在時刻 - 5:25
終了予定 - 19:05

A=4-6 - 2.35 時間
B=6-8 - 2.27 時間
C=8-10 - 1.95 時間
D=10-12 - 1.95 時間
E=12-14 - 1.68 時間
F=14-16 - 1.50 時間
G=16-18 - 1.97 時間
No Context - 0.00 時間
見積時間: 13.67 時間

私は1週間先までは必ずこの見積もりが見えるようにしてあります。土曜日朝の「週次スタート」ではかなり厳密に調整します。そうすることで「22日のセクションFなら都内のミーティングに出かけて2時間確保しても大丈夫」ということがはっきりわかって安心なのです。

この安心感は何物にもかえがたいものがあります。以前私と待ち合わせした方に「佐々木さんは物書きのわりに時間に正確[4]で安心できます」と言っていただいたことがあるのですが、私はミーティングの時間を余分に見積もってあるのでそれなりに正確に行動できるのです。1時間のミーティングであれば2時間を確保し、前後1時間ずつ移動時間をおさえます。東京都23区であればどこでも1時間かからずに行けますから、この見積もりのすべてが過剰です。こうしておけば大幅に遅刻することはめったになくなります。またその間は仕事ができないという前提ですから移動中はとても安心していられるわけです。

時に相手の方の都合でミーティングがキャンセルになったりすると、一気に4時間が解放されます。しかもそれは何の仕事もしなくていい4時間ですから信じられないほどありがたい自由時間になります。ロールプレイングゲームで「癒しの魔法」をかけてもらったらこんな感じがするのではないか、と思えるような感覚です。

どうやって1週間先の時間計画を出すのかというとそれほど難しくありません。

4　私の知り合いの物書き、ライターさんたちはだいたい時間に正確です。物書きが時間にルーズというのは都市伝説という気もします。

■図4-15

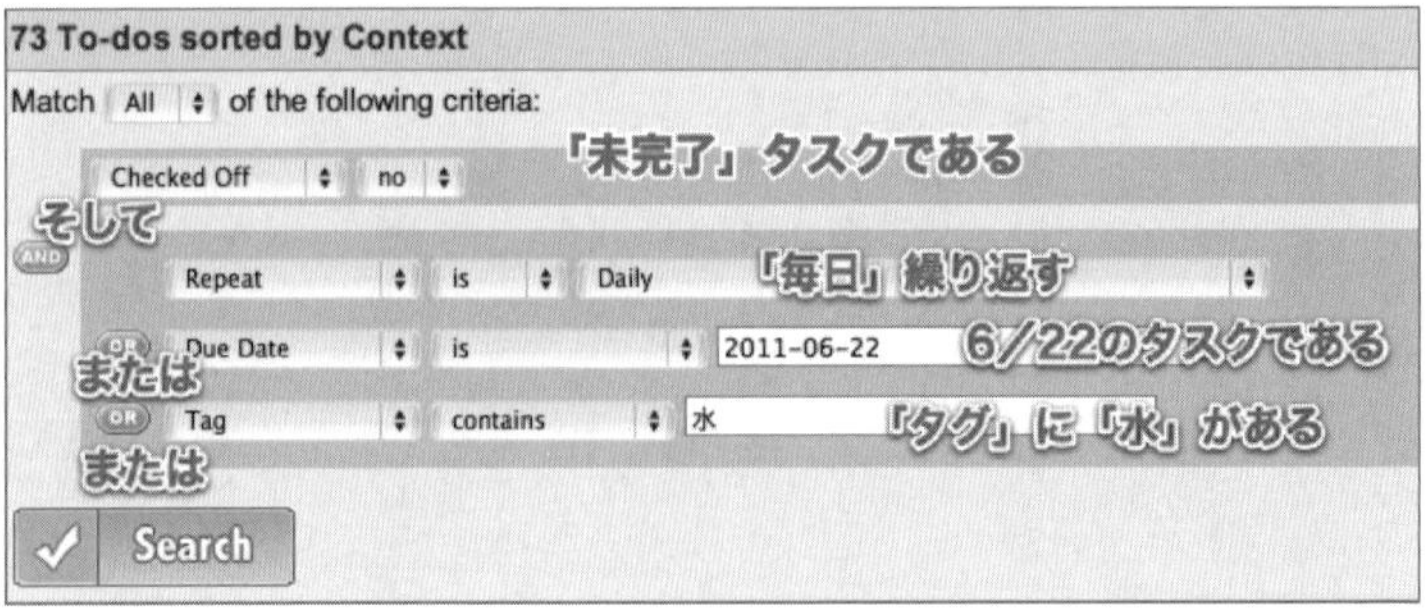

Toodledoを使って22日のタスクをリストアップすればいいのです。図4－15の検索条件にマッチするタスクは22日のタスクになります。

最初の「未完了のタスク」を抽出するのは当然です。次に「毎日繰り返す」タスクを抽出します。22日だろうと23日だろうと「毎日繰り返すタスク」は毎日のタスクだからです。どんなタスクを毎日繰り返すかというと、朝のリストだけですが私は図4－16のようなタスクリストを持っています。

こういう細々したことだけでもかなりの時間を使います。毎日やっていることだけに、ほとんど変化させられません。やらないで済むものもほとんどありません。1つ2つ省いてみたところでそんなにたくさんの時間は節約できません。これらのことは結局毎日欠かさずやっておいた方がいいのです。3カ月、6カ月といったスパンで見ると、その方が時間の節約ができます。

■図4-16

A=4-6		
000001日次スタート	OmniFocusから「ちゃんと」移す	4 mins
000002日次レビュー	前日のレビュー。 OmniFocusを見る！	10 mins
		45 mins
No Folder	プロジェクトの約束事をCWチェック	2 mins
No Folder	Evernote.in-boxをゼロに	7 mins
No Folder	前日クロージング	none
No Folder	Twit【心理ネタ】	20 mins
No Folder	43フォルダーから「今日トレイ」へ移動	1 min
No Folder	Toodledoのバックアップ	1 min
No Folder	Evernoteバックアップ	1 min
No Folder	プロジェクトの約束事をEvernoteのタグでチ…	2 mins
No Folder	task force	3 mins
No Folder	todBIGをチェック	1 min
No Folder	来週分の【曜日】に変える	2 mins
No Folder	ロディアメモをゼロに	7 mins
No Folder	予定表作成	8 mins
No Folder	未読メールを各プロジェクトに割り当ててタ…	7 mins
No Folder	シャワー	20 mins

　このほかにも「毎週繰り返すタスク」というものが存在する人もあるでしょう。毎週月曜日には定例の報告会議があったりするわけです。残念ながらToodledoには「特定曜日に繰り返すタスクだけを取り出す」という概念がないため（一週間ごとに繰り返すという設定はできますが）、私は「タグ」を使って「月」とか「水」という指定をします。「タグ」というのはどんな言葉でも付けられ、複数の言葉も付けられます。複数の語を使う時にはカンマで区切

■図4-17

ります。

タグ　月, 火, 水, 木, 日

タグにこのように設定しておけば、「月」か「火」か「水」か「木」か「日」という「タグ」が付いたタスクを抽出できるわけです。Tag contains 水 とは、「タグ」に「水」が含まれるという意味です。このように指定されたタスクは、毎週水曜日に実行するタグということになります。もちろんこのタスクは水曜日を期限とし「毎週繰り返す(Weekly)」と設定しておかなければいけません。

図4－17はタスク追加の画面です。この場合2011年の6月15日は水曜日です。Repeatの設定はWeeklyで、つまり毎週繰り返すという意味です。

最後のDueDateとCompletion Dateの選択は、

- Due Dateの場合、設定された間隔の締め切りタスクが機械的に

■図4-18

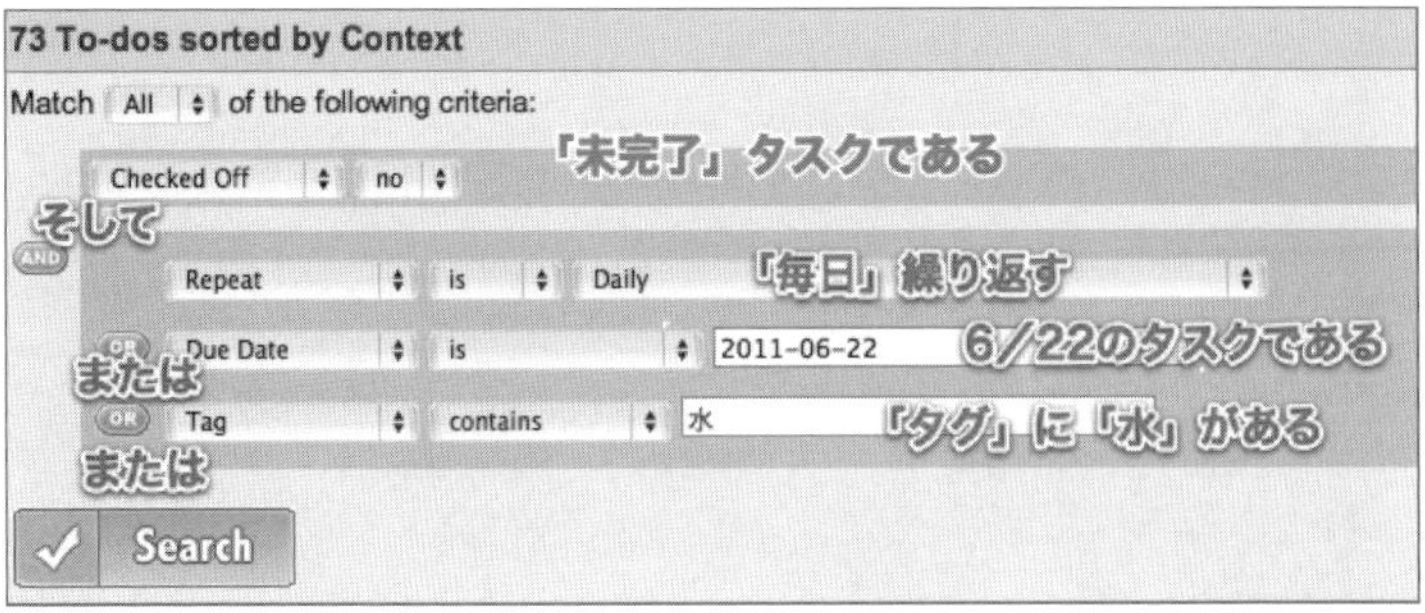

用意される。このタスクを仮に6月16日の木曜日に完了させても、やはり6月22日の水曜日締め切りのタスクが、完了させた時点で用意される。毎週決まった曜日に繰り返すなら、こちらの設定を選ぶ。

- Completion Date の場合タスクを完了させた日から1週間後が締め切りの同じタスクが生成される。つまり本来6月15日の水曜日にやるはずだった仕事を、6月16日の木曜日に完了させた場合、次は6月23日の木曜日締め切りの同じタスクが生成する。「7日おき」など間隔重視ならこの設定にする。

最後に毎月22日に繰り返す仕事や、6月22日にやりたい仕事を拾います。これは簡単です。締切日が6月22日のタスクだけを拾えばいいからです。

図4−18は先ほど出した検索条件です。

この検索条件を保存することもできます。そして私は

■図4-19

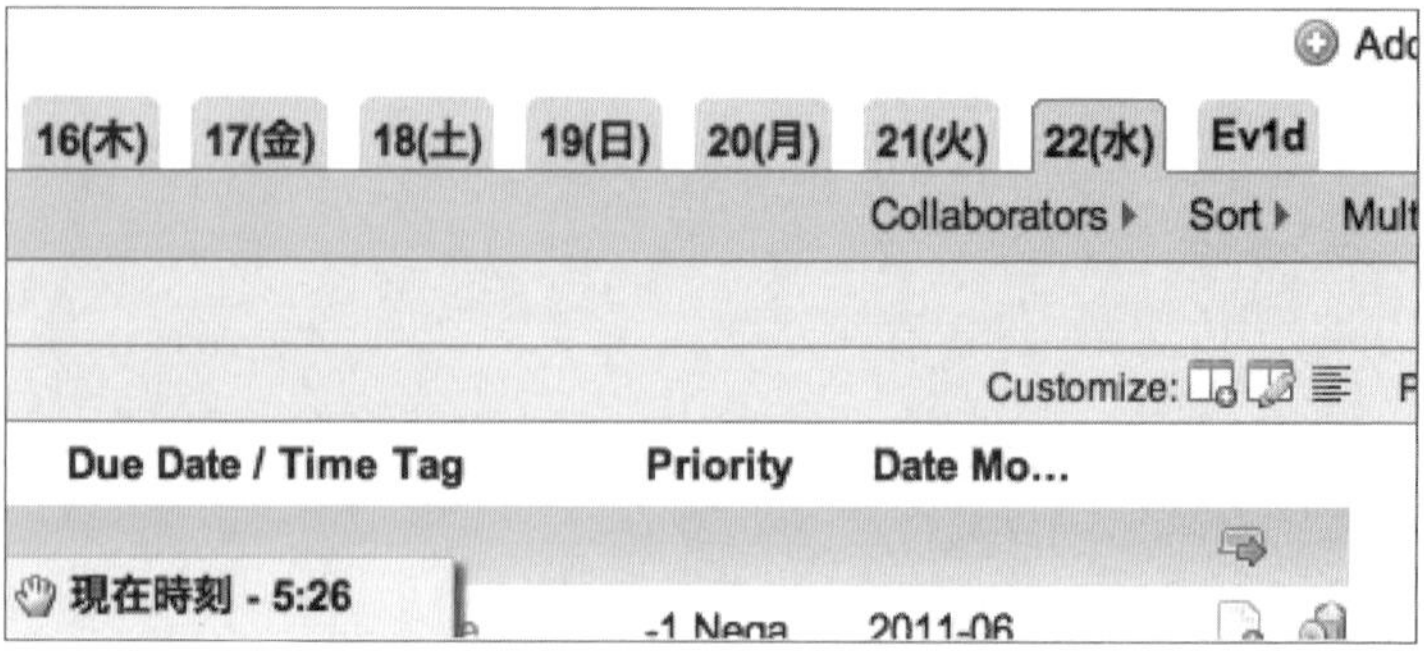

「22（水）」という名前をつけておきます。Toodledoではこの名前のついたタブが現れます。このタブをクリックすればいつでも条件に合致するタスク一覧を表示してくれるというわけです。

もちろん6月22日を過ぎれば、この条件は意味がなくなります。ですから6月22日が来たら、保存条件を編集します。6月22日を1週間後の6月29日に変更すればいいのです。曜日は水曜のままですから変更不要です。毎日やることも変わりません。締切日だけを変えればいいのです。これを毎日繰り返せば常に1週間先までのタスクとそれにかかる時間を見通すことが可能になります。

このように説明するとなにやらひどく面倒くさいことをやっているように見えるかもしれません。実際にはこれはそれほど複雑なことをやっていません。タスクに締切日を設定しその繰り返し設定を決めているだけです。

• 毎日繰り返す
• 何日かおきに繰り返す
• 毎週繰り返す
• 毎月繰り返す
• 特定日に繰り返す
• 特定日が締め切り

タスクはふつうこのどれかに属します。その属性情報をタスクごとに与え、あとは条件に合うようなタスクを検索し、その検索条件を保存しておけばいいだけです。私はToodledoを使っていますが、同じことはRemember The Milkというタスク管理ツールでも可能です。

毎週木曜日か7日ごとか？

Repeat設定には込み入った問題があります。完了させたタスクをいつ、どんな条件で再生させるかという問題です。

ToodledoではRepeat設定すると、Due DateかCompletion Dateのいずれかをオプションで選ぶようにいってきます。

Due Dateの意味は締切日から数えて指定した繰り返し間隔でタスクを復活させます。図にすると下のようになります。

本当は9月22日(木)にゴミを出すべきだったのに出しそびれた。9月23日(金)になってそのことに気がついた！この場合、たとえ「7日ごと(毎週)」と設定してあったとしても、23日に7を足した9月30日(金)にタスクを復活させたのでは、どうしようもありません。ゴミ出しの曜日は動かないから、いつタスクにチェックが入ろうと、締切日から起算した7日

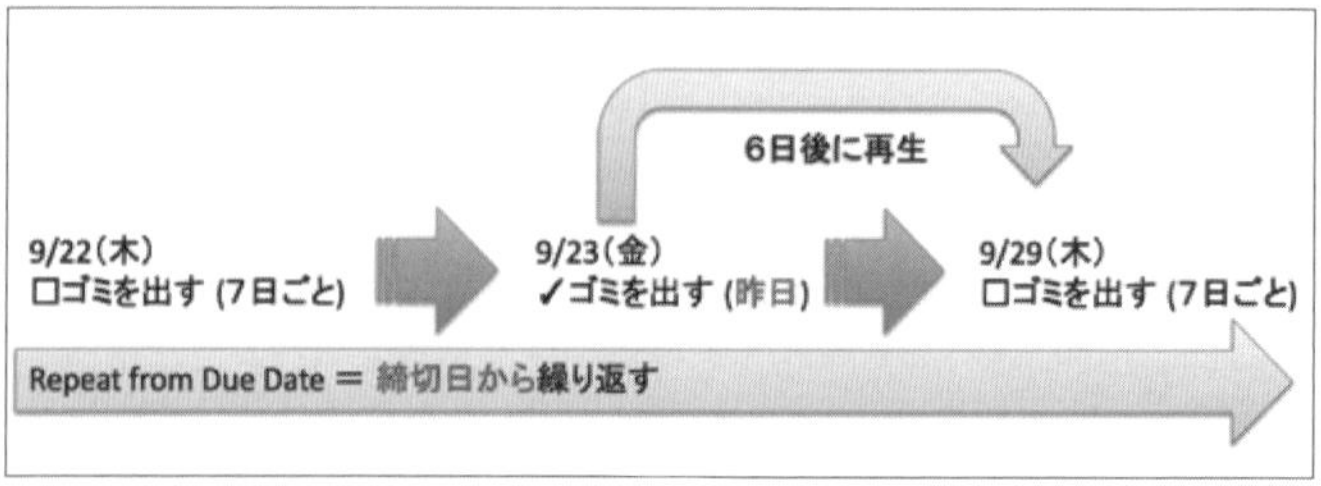

COLUMN

後に、タスクは復活するべきなのです。このようなケースでは全部Due Dateを用いるべきです。つまり、Due Dateとは、曜日や日付を動かしたくない繰り返しに用いるべき設定なのです。

それに対してCompletion Dateは間隔を保ちたいときに用いる設定です。たとえば爪切りがいい例でしょう。

本当は9月22日(木)に爪を切るべきだったのに切りそびれた。9月23日(金)になってそのことに気がついた！　この場合、「7日ごと(毎週)」と設定してあったら、そのまま23日に7を足した9月30日(金)にタスクを復活させればいいでしょう。木曜日でなければ爪を切れない事情があるなら別ですが。

Due DateとCompletion Dateのどちらを選ぶかで迷ったら、Dueにする必要があるかないかで考えましょう。

毎週同じ曜日、毎月同じ日にやらなければならないのであれば、Dueです。そうでなければCompletionでいいでしょう。

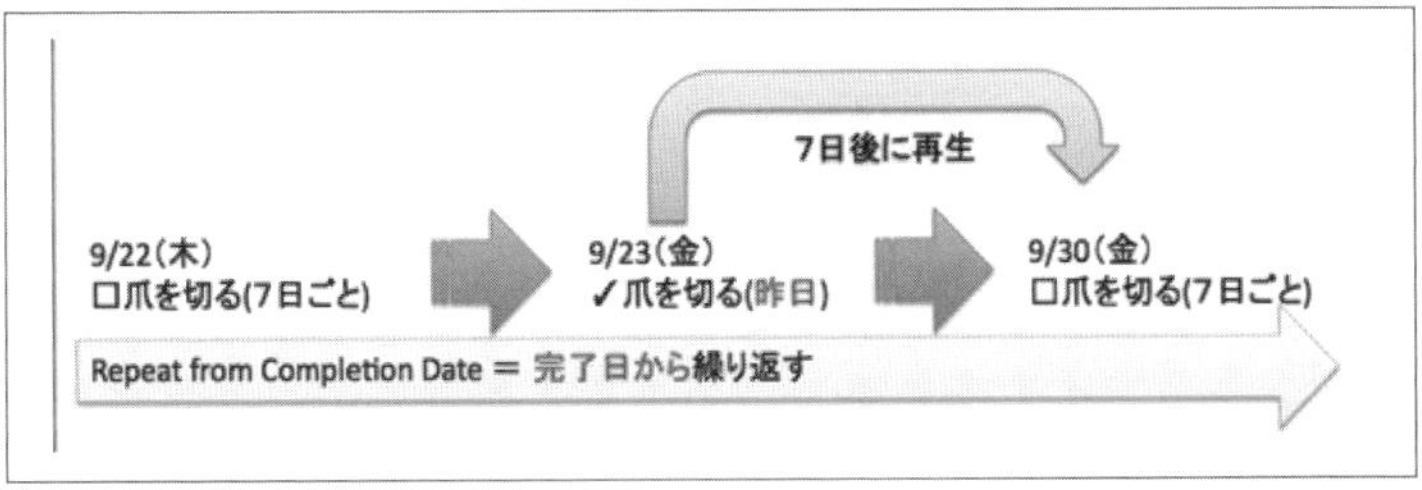

COLUMN

なお、「毎日」についてはどちらでもいいのですが、「毎日絶対つけたい日記」をリストのとおりやるといった場合にはDueにしておきましょう。というのも、

- Dueの場合 ↓ 昨日やらなかったタスクに今日チェックを入れると今日のタスクが再生される
- Completionの場合 ↓ 昨日やらなかったタスクに今日チェックを入れると、明日のタスクが再生される

からです。

Dueは毎日絶対一度はやる、という意味が強くなりますし、Completionでは毎日一度は見る、というような意味になると思います。

3 なぜここまでするのか？ルーチンのメリット

以上のような私のルーチンシステムについてセミナーなどでお話しすると、「病的だ」と言われることがあります。何でもかんでもシステマティックにルーチン化しているところが、こだわりすぎに見えるのでしょう。

たしかにルーチン化には少しこだわっています。こだわるのには理由があります。

私がルーチン化にこだわるのは、ルーチンを一度設定し、ただリストに従って行動を繰り返すことで、習慣化が容易になるからです。

三日坊主という言葉にもあるとおり、狙ったとおりに行動を習慣化するというのはなかなか困難です。日記をつけようと思っても3日しか続かず、デスクの上をきれいに保とうと思っても1週間でぐちゃぐちゃになる。人間には、長期的にはなかなか行動を変えようとしない性質があります。

システマティックにルーチンを設定し、10～20ほどの行動の手順書を書き、そのとおりに行動し、何も手を下さずとも一定の間隔で再びそのリストを目にするように仕組む。そ

うすることで、

・行動手順を思い出す記憶力が節約できる
・どのように行動すれば結果につながるかの想像力が節約できる
・行動を切り替えるための注意力が節約できる

のです。そんなに記憶力や想像力や注意力を節約してばかりいては、脳がダメになってしまうのではないかと言われることもあるのですが、そんな心配をせずとも私達はふだんから脳を使いすぎています。ちなみに私達が脳の10％しか使っていない[5]というのはデタラメな都市伝説にすぎません。現代は誰の目にも明らかな情報化社会であり、時間単位における行動量も100年前とは比較にならないほど過密になっています。大脳は100年程度では進化しないわけですから、私達の脳は慢性的に負担過剰なのです。こういう状況で記憶力や想像力や注意力を節約するのはいいことなのです。

それによくある「先送り対策」にも習慣化は強力な武器になります。GTDが普及してからすっかり有名になった「コンテクスト」と「プロジェクト」という概念においても「先送り」という問題はひんぱんに発生します。発生せざるを得ません。どんなリストを作っ

5　他にも脳の3％しか使っていない、右脳は使っていない、などの説がありますがいずれもデタラメです。「潜在意識の活性化」に関する話はすべて非科学的です。少なくとも認知神経科学(脳科学)では支持されていません。

ても、やりたくないことはやりたくないのですから。

コンテクストにおける先送りとは、たとえばコンビニ前を車で走らせているのに、家族から「買ってきて」と言われていた買い物をせず帰宅してしまうような行動を指します。この場合「コンテクスト（状況）」は「コンビニ」です。コンテクストは「その場でやっておくと都合がいいことをまとめてやってしまうこと」です。それが難しくなるのは気分の切り替えが難しいからです。車を走らせていると、コンビニの駐車場に駐車する「気分」になれないというわけです。

習慣化はこの問題をある程度解決します。「気分の切り替え」を自動化してしまうからです。「気がついたらコンビニの中にいた」ということを習慣化が可能にします。難しいことではありません。繰り返しの回数が十分に多ければ[6]誰でもそうなるのです。

もう1つの問題が「プロジェクト」です。GTDはもともとアメリカ人の発想ですから「ガレージの掃除」というものが時々登場します。私達日本人にはめったに「ガレージ」を持っている人などいないでしょう。でもちょっと想像してみてください。わけのわからないガラクタが数年分、ガレージに所狭しと押し込められています。1日で片付けるのはとうてい無理。へたをすると1年かけても難しいように思えます。こういうのは長期戦を覚悟するしかありません。まさしくプロジェクトなのです。

6　繰り返し回数が「何回である」かは習慣化する内容によりますし、個人差も大きい。「3週間続ければ云々」という数字には根拠がありません。少なくとも心理学的にはありません。

先日ある掃除術の本を読んでいたら、掃除というのは長期化させず、モチベーションがわいたところで一気に終わらせるべきだ、とありました。専門家数人でやればそれも可能かもしれません。でも誰もが掃除にそんなにお金や人手をかけられるわけではありません。少しずつ時間をかけて理想の状態に近づけるしかない場合もあるのです。

これを成功させるコツは、早い段階でプロジェクトの一部をルーチン化してしまうことです。「ガレージの大整理」という壮大なプロジェクトを作ると、やるべきことが本当にこれでもかというくらい思い浮かんでしまいます。

- 売れそうなものはヤフオクで処分する
- まだ使えそうなものを別にする
- 粗大ゴミは採寸して市役所へ通知する
- 預かりものを取りに来るように連絡する
- 要らないものは分別して捨てる

このほとんどは適切な行動かもしれません。しかしほとんどは手をつけられないでしょう。平日お勤めされている方ならなおさらです。

ですから毎日やれそうなことだけをまず1つ選んでこれだけを繰り返します。たとえば「売れそうなものをヤフオクで処分する」というプロセスだけをしつこく繰り返す。あるいは、「要らないものは分別して捨てる」という部分だけを毎日繰り返す。

これらのいずれかだけを1週間くらい繰り返すと、掃除は目に見えて進行します。すると次の展開が見えてきます。

私自身は書籍の整理を、28歳のころからプロジェクト化して続けてきました。そろそろ10年になります。一時は明らかにあらゆるところからあふれかえっていて、どうにも手のつけようのない状態でした。

10年前から繰り返しているプロジェクトというのは、1冊の本を買ったら2冊を処分する。古書店に売るとか、人に譲るとか、思い切って捨てるなどするわけです。雑誌でも同じ。1冊買ったら2冊処分する。

このルールを守っている限り、買うたびに手持ちの書籍か雑誌が1冊ずつ減っていきます。当初は目に見える変化が何も現れませんでしたが、そろそろ10年になる今では、作家にしては手元の書籍や雑誌が非常によく整理されている方だと思います。書斎に書棚が3基しかありませんが、すべての書籍はその中に収まっています。もちろんデータをデジタル化するいわゆる「自炊」には相当お世話になっています。

派遣社員時代、およそ会社のプロジェクトといわれるものでも、あるコアの部分をみんなで繰り返し作業する状態にすぐ入るということに気づきました。いったん作業の繰り返しが習慣化してしまえば、プロジェクトは軌道に乗って進行するのです。プロジェクトが静止したままいつまでも先送りされるのは、イメージをこねくり回しているだけだからなのです。

Chapter 5

共同作業をどう管理するか

一人より二人以上で進めた方が仕事ははかどるに決まっています。

しかし実際には1＋1はなかなか2以上になりません。その事実もその理由も、読者はすでに先刻ご承知でしょう。人と人が協力し合うということはそんなに簡単なことではありませんし、お互いに協力するつもりがあったとしても、どのように協力するかのイメージが一致していることはまずないからです。異なるイメージを持つ人同士が協力してことに当たってみると、たちまちのうちに感情的対立に発展するものです。愛し合う恋人同士が晴れて結婚しようという段階にこぎ着けても、どんな結婚式にするかでもめているうちに破談しそうになったという話をよく聞きます。それは大げさにしても、協力の仕方によっては相手のやっていることがいかにも不都合、不合理、不誠実に見えるものなのです。

私自身、もう5年以上も作家として、セミナー共催者として、あるいは電子書籍の共同企画者として、大橋悦夫さんという方をパートナーとしてやってきました。企業の共同経営者というわけでもない作家同士が、このように長い期間協調行動をとっている例はもしかすると珍しいかもしれません。大橋さんとは大学の同級生だったわけでも、親類だったというわけでもありません。最初に知り合った時から仕事のパートナーであり、それ以外の関係だったことはありません。

その経験を踏まえて（もちろん数々の失敗もありました）理想の協調行動というものをまず掲げさせていただきます。共同でプロジェクトを進めるには次のような「鉄板ルール」があると思うようになりました。

- どれほどツーカーな間柄でもゴールについてのイメージはずいぶんずれているのがふつう。だから目標は必ず数値化できるもので共有しなければいけない。本を書くなら「何章と何章と何章の、どの節とどの節とどの節をどちらが書くか」などのことをできるだけ最初に明らかにする。分担が公平であることより明確であることの方がずっと重要。お金の比率も数字で明確にしておく

- プロジェクトは階層構造化する。単なるメモの羅列や付箋の集まりという段階を早いうちに脱する。利用するツールはマインドマネージャーやOmniFocusなど。構造化してみて初めて小分けにすることができ、作業分担も可能になり、不足分も目に見えるようになる。特に二人以上の人間がアイデアで盛り上がっている時には不足分が見えにくいので、早いうちに構造化して一望するべき

・タスクに日付を与える。マインドマップにどれほどMECEの立派なプロジェクトが書き上がったとしても、まだ何もできあがったわけではない。書籍でいえばせいぜい目次案の元ができただけの段階（この段階で埋もれていった企画は山ほどある）。手がけてみようとしてみると打ち合わせの時ほど気持ちが盛り上がらないこともよくある

・タスクであることをはっきりさせる。メールやチャットで話がいくら盛り上がったとしても、それだけで仕事を始めてくれる人はいない。誰の分担で、いつそれをやらなければならないかを、どんなに小さな仕事でも明確にしておく必要がある。タスクは会話から発生しているが、それがタスクであるという形に直しておかないと、責任をかぶる立場の人（または立場の弱い人）が仕事をしなければならなくなる

1 共同プロジェクトの進め方

先のような問題が発生しやすいことから、共同プロジェクトを進めるに当たっては次の2通りのツールが必要になるということがわかります。

❶会話や打ち合わせの内容をそのままタスク化できるツール
❷共有管理できて階層構造を扱えるタスク管理ツール

❶のようなツールがないと打ち合わせの会話から発生したタスクを記録に残しておくことがしばしば困難になって、結局何度も打ち合わせすることになります。これは大いなる時間の無駄です。チャットツールの代表的なものとしてはスカイプが挙げられますが、最近登場したChatworkのほうがチャットのタスク化に便利です。本章で詳しく説明しましょう。

ただ、ChatWorkのようなツールでタスクを本格的に管理するのは現状では難しく、共同で仕事をする人が必ずしもChatWorkでタスクを管理するのに同意してくれないかもしれません。したがってスカイプやChatWorkなどのチャットツールで会話からある程度共同のプロジェクトが形になってきたら、他のツールを使うことが必要になってきます。

そこで❷のような、プロジェクトを本格的に共同進行させるツールが必要になるかもしれません。これを使ってプロジェクトの全体像、修正、タスクの分担、進捗状況のチェックなどをします。タスクの共有管理はToodledo、Nozbe、Remember The Milk（以下、RTM）などでも可能です。本章後半で、RTMを用いた共同管理の実例をお見せします。

以上の2種類のツールは、何もChatWorkとRTMでなければいけないというのではありません。チャット↓タスクという機能のあるチャットサービスと、階層構造のタスクを共同管理できるサービスであれば何でもいいのです。その2種のツールを使って実際どのように共同プロジェクトを進めていくのかをこれから説明します。

おおざっぱに言うと、共同プロジェクトというものは次のようにして進行していきます。これは❶↓❻で終わるという意味ではなく❶～❻がぐるぐる回るということです。

❶ 会話からボトムアップ

❷ ボトムアップから全体像を築く

❸特定作業の短期間の繰り返し
❹階層構造プロジェクトの作成（追加・修正）
❺部分的なタスクを進める
❻打ち合わせの中でタスクが発生する

たとえば「結婚式」という共同プロジェクトがあります。一般的にこのプロジェクトを一人で進めることはできません。ですから二人以上の共同作業ということになるでしょう。

推測するに❶の「**会話からボトムアップ**」の段階は「結婚式、どうする？」などという何気ない会話によってスタートするのです。これに対して「結婚式なんて、しない」という結論に至らない限り、何らかの「タスク」が雪だるま式に発生するでしょう。

もしもこの「結婚式、どうする？」に対してパートナーがはぐらかしたり、頭から無視するようなことをすると、愛する二人の関係に多少なりとも亀裂が生じかねません。というのはわかりきった話です。けれども仕事においては共同参画者が会話から発生しつつあるタスクをはぐらかしたり、きわめてくだらない話ででもあるかのように扱うことは決して珍しくないのです。あるいは単に会話の流れの中でいくつかの「タスク」は忘れ去られてしまいます。

自戒を込めて申しますと、私自身がそれに近い不誠実なまねをしてしまうことがないとはいえません。書籍企画について編集さんなどと「本の真ん中あたりでクラウドのことをもう少し掘り下げて……」などという「提案」をいただくことがあります。会話から発生しつつあるタスクです。これに対して「なるほどそうですね」などと答えておきながら、忙しさにかまけてそんな提案などどこにもなかったかのように原稿を書き進めてしまう場合があるのです。

このように会話から発生しつつあるタスクというものを記録に残しておかないと、往々にしてプロジェクトのためには残念なことになります。ただし記録に残すのは慣れるまではかなり面倒な作業です。それを容易にしてくれるツールを使う必要があります。ChatWorkはこれを容易にしてくれるという意味で、現在のところ最も適したツールの1つです。

次に「**❷ ボトムアップから全体像を築く**」というステップです。再び結婚式に話を戻しますと、結婚式に二人がきちんと向き合っているなら、式の日取り、場所、どんなやり方でするか、誰を呼んで誰を呼ばないか、等々やることは山のように積み上がります。結婚式も2度目3度目となれば手順も全体像もわかりきっているかもしれませんが、最初の結婚式だと全体像が見えるまで時間がかかるでしょう。

会話の中から発生したタスクをくみ上げて、1つのプロジェクトを完遂する形式に持って行くには、いくつかのタスクを実際にこなしてみるのが一番です。結婚式であればパンフレットを入手してくるといった作業を行ってみることです。この作業をいつまでも行わず、頭の中でシミュレートばかりしている人がよく見受けられますが、これは精神的に消耗する上に時間を無駄にします。急ぐことはないのです。とりあえずいくつかのことをゆっくりやってみればプロジェクトの全体像が少しずつ明瞭になってきます。

このステップでは単純作業の繰り返しになるでしょう。だから「**❸ 特定作業の短期間の繰り返し**」になるのです。パンフレットを手に入れては電話をかけてみるとか、そういう作業の繰り返しになるのです。

このような流れは結婚式に特有のものと思われるかもしれませんが、そうではありません。共同プロジェクトは多くの場合、

会話からのタスク発生↓ボトムアップからおぼろげな全体像↓特定作業の繰り返し

というパターンをとるのです。そもそもプロジェクトというものは何らかの作業の繰り返しを多く含むものです。だから何かしらのタスクを手がけると、その種のタスクを繰り返すことになります。

このステップが繰り返しになるのはもっと別の原因もあります。大きな共同プロジェクトで失敗したいという人は誰もいません。いきおい人は慎重になります。結婚する、家を買う、本を書く、株に投資するといった時にはなかなか「えいや！」では決められないし決めるべきでもないのです。そこで情報を収集[1]します。その情報収集の過程で繰り返しが発生し、同時に情報収集を繰り返すことが共同参画者へのメッセージになります。「こういうイメージで私はプロジェクトを成功させたい」というメッセージです。同居するための不動産情報をいくつも集めたり、何度も物件を見て回るという作業もこれに当たります。

ここまできたらいよいよ「**❹ 階層構造プロジェクトの作成（追加・修正）**」です。

ここまで来れば大きな階層構造のような形式でプロジェクトをまとめたいと、多くの人が自然に思うものです。思うのですがやらないことも多く、したがってこのステップ

1　情報収集の段階で時間がかかるケースは非常に多い。いい情報がなかなか見つからなかったり、膨大な情報の中から、自分の欲する情報を整理する時間がかかるからです。デジタル情報整理ツールのEvernoteなどが、何らかの形でタスク管理に深く関わってくるのは、こうした事情にもよるわけです。

辺りで混乱するのです。やらない理由は些細なものです。

i プロジェクト管理ツールというものの存在を知らない

ii まだ大丈夫だという気持ちがある

iii 「結婚式」のようなプロジェクトにプロジェクト管理という概念を用いたくない（私的なもの一般にそう思う人は多い）

iv 面倒くさい

iは本書をお読みであれば一応解決しているでしょう。ToodledoでもRTMでもNozbeでもMindMeisterでも大丈夫です。そのほかのツールでも「タスクの共有」という機能はついていることが多いのでチェックしましょう。

iiは、ここまでの単純作業の繰り返しから生じる油断ですが、複雑になるのはここから先だと警戒する必要があるのです。それにプロジェクトの全貌を明らかにしておいた方が、後でずっと楽になります。それをやっておいた自分に感謝することが何度もあるはずです。

iiiは私の口を出すところではありません。ただ、これから結婚式の実例を挙げましょう。

ⅳが最も問題です。意外に大きな問題なのです。

図5−1は本書を書くに当たって特別にお願いして提供していただいた、ある方の結婚式における「共同タスク管理」の例です。これは本当に使われたものです。こちらの方は

■図5-1

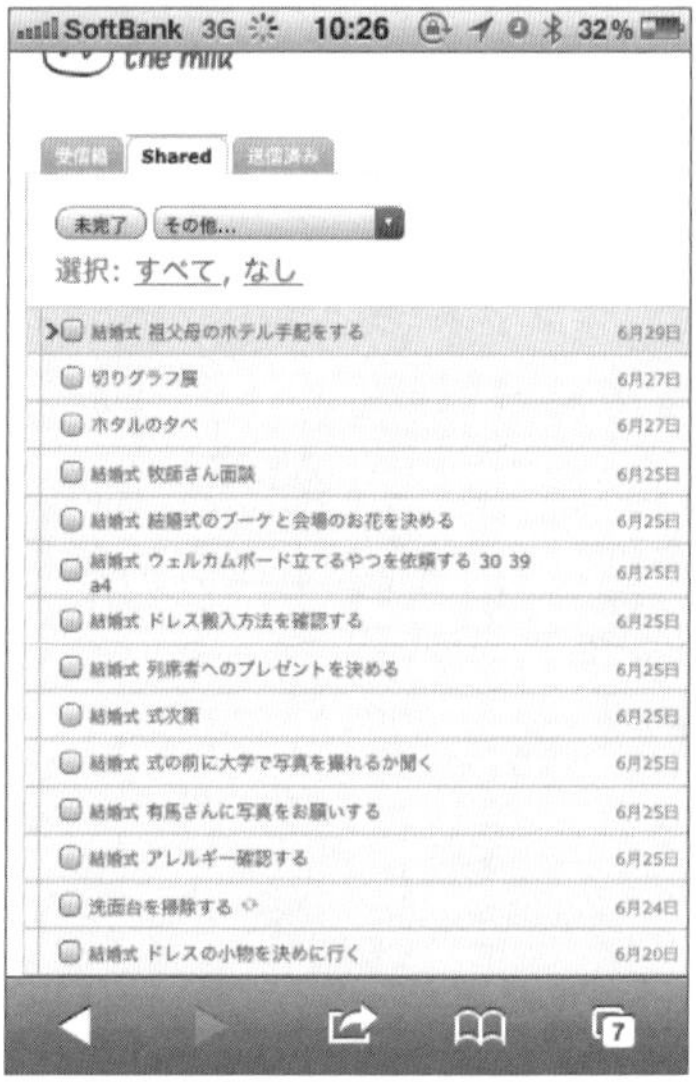

RTMで未来のパートナーと図のようなリストを共有管理されたわけです。

たしかに共有管理などというものは面倒に見えるかもしれません。しかし、図5−1のようなリスト内容を頭で管理しきれるわけがありません。ざっと10項目以上あります。見えているだけでそうですが見えていないものを加えれば100項目近くになるでしょう。

しかもリストの内容は、ふだんほとんどやりそうにないことばかりです。ドレスを購入するとか、親類のアレルギーを調べるなどということをふだんからやっている人は相当まれでしょう。

だからタスク共有管理ツール、ここではRTMを使うというのは非常に理にかなったことなのです。ふつうは覚えておけないことを二人の人間が覚えておいて、二人のどちらかがたしかに処理しなければ結婚式の当日に大きな問題が発生することになります。

紙のリストでいいではないかと思われるかもしれませんが、紙のリストですと二人の人間が共有するにはまったく同じものを2枚用意しなければなりません。

今はたしかにコピー機という便利なものもありますが、どちらかが何かを行った時、紙ですとコピーされた側にその事実は反映されません[2]。どちらかがすでにドレスを購入したのに、相手のリストではこれからドレスを購入しなければならないことになっています。こういう事実が積み上がってくると、混乱してしまうのです。

■図5-2

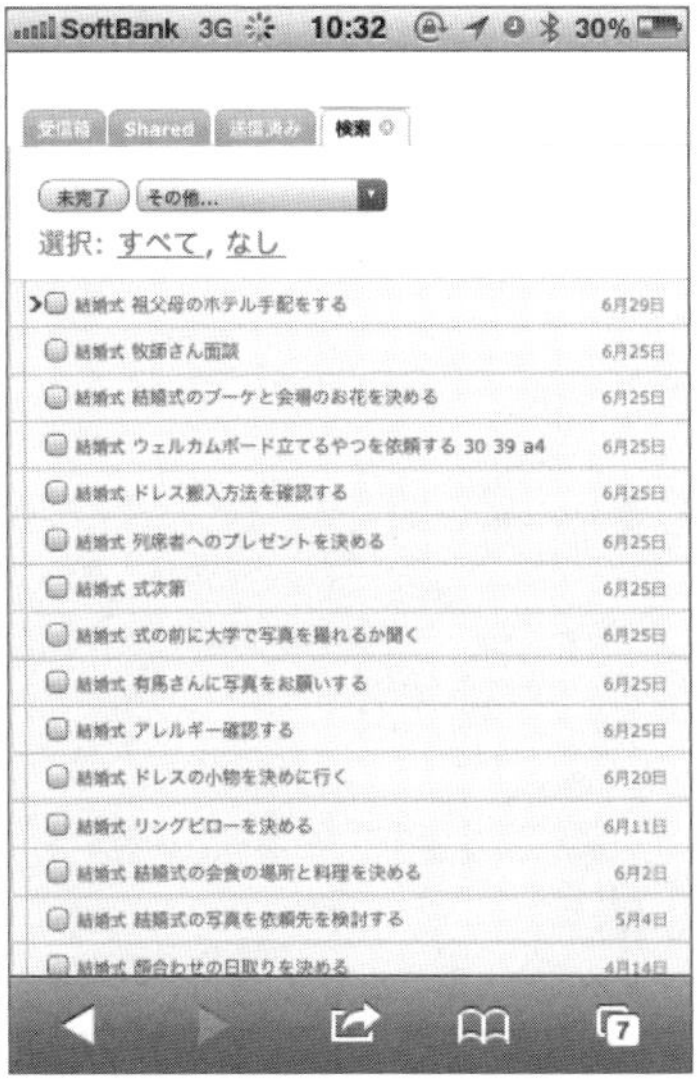

さらに図5－2を見てください。これは先ほどのリストとは違って「結婚式」というタグで絞り込みをかけたリストです。結婚には式のみ

2　クラウドとタスク管理の関係は極めて深く、すべてのタスク管理ツールをクラウド化すべき理由は明らかでしょう。「クラウドを使うのは大げさすぎる」というのはまったく不合理な意見です。

■図5-3

ならず「披露宴」や「新婚旅行」などのイベントも存在し、それらについてもやるべきことがたくさんあります。何でもかんでも「結婚式リスト」に投入するわけにはいきません。ですから「タグ」というカテゴリ機能を備えているＲＴＭは便利なのです。「披露宴」とか「新婚旅行」というタグを付ければ、それぞれ別のリストが用意されるわけです。

また、紙のリストではいつでもどこでも持ち歩けるにしても書き足すと相手のリストにはそのことが反映されなくなります。ＲＴＭはその点も解決できます。iPhoneからでもタスクを入力できますから（図５－３）、たとえば式場を予約した時にタスクを書き足せば、そのリストはインターネットにつながるどのパソコンからでも確認できるわけです。

❺部分的なタスクを進める

以上のようにすれば部分的なタスクをどんどん進めていくことができます。二人以上のプロジェクトが進まないのは、二人がそろって二人で判断しなければならないことが多いからです。しかし1つの共有リストについて二人の確認が取れていれば、めいめいがリストを見てどんどんプロジェクトを進めていくことができます。

❻ 打ち合わせの中でタスクが発生する

もちろん結婚式なども、打ち合わせの中でどんどんタスクが発生するでしょう。「親類のアレルギーについて聞いておく」などというタスクは、結婚しようとした二人がすぐに思いつくものだとはとうてい思われません。こういったことは式場の食事についてホテルや式場の関係者と話し合う中で発生するはずのタスクです。

2 会話からのボトムアップにはChatWorkを使う

ここから、RTMに続いてChatWorkというツールを紹介していきます。あまり聞き慣れないサービスだと思いますが、特に会話からタスクを作成する上でとても便利なツールなのです。

ほとんどの方は「仕事に関する連絡手段」として今までメールを使ってこられたと思います。そのメールに代えてChatWorkを一度お使いになってみれば、どれほど便利かがすぐわかります。そしてメールがいかに不便かもあらためて思い知ることでしょう。

❶チャットをタスクに変換できる
❷タスクがなんらかの共同プロジェクトにあることが一目でわかる
❸タスクに日付属性を与えられる
❹チャットであって「私信」ではない

1つ1つ見ていきます。

❶ チャットをタスクに変換できる

電話やメール、あるいは会議などでの会話中に共同作業のタスクというものは発生しま

■図5-4

す。「あのさ、こういう資料が、要るんだよね」と誰かが言ったとします。もしその資料が本当に「要る」のであればその資料を作成・用意するという「タスク」を誰かが実行しなければならないはずです。

会話や会議が弾んで盛り上がっていると、この種の資料を用意する手間は過小評価されがちです。ひどい時にはそんな資料など自然に発生してくれるように思えてきます。

誰もが「誰かがその資料を用意してくれるか、実際にはそんな資料は不要だろう」と思うことがあります。しばらくして誰も資料を用意していないことを知った時、「こういう資料が、要るんだよね」と言った人が激高してしまうケースもあります。

これはチャットをタスク化するという方法で防ぐことのできる問題です（図5－4）。

❷タスクがなんらかの共同プロジェクトにあることが一目でわかる

ChatWorkを使うとすべてのタスクは「グループチャット」という特

定のテーマについてのチャットのどこかに入ります。この「グループチャット」をプロジェクトにしてしまえば、タスクの階層構造化がたちまち実現してしまうのです。

「グループチャット」とはChatWorkにおける呼び名です。グループに参加できるメンバーを限定して作ります。チャットに参加できるのはグループのメンバーだけです。

■図5-5

「マイタスクがあるチャット」を選ぶことで、まだ未完了のタスクを含むプロジェクトだけを絞り込むことができます（図5－5）。このプロジェクト名もまた、タスク管理システム全体のプロジェクト名と統一しておく必要があります。

ただし、自分でプロジェクト名を決めることができない場合、統一したいと思っても統一できないかもしれません。その場合には仕方がないので、わかるようなルールを自分だけで決めておく必要があるでしょう。

❸ タスクに日付属性を与えられる

本書ですでに何度か主張していることですが、タスクに日付属性を与えないと、いつになっても取りかかれないタスクでいっぱいになってしまいます。特に人に仕事を依頼する時には、どうしても日次情報を明確にする必要があるのです。

ただもちろん「期限を切りたいのは山々だが、相手によってはそれを言い出せない」ということはあると思います。しかし私は、もし仕事で「意志力」「やる気」「勇気」というものを必要とする場面があるとすれば、まさにこういう時だと思います。

「いつやっていただけるでしょうか？」

などとは言いたくありません。少なくとも私は誰に対してもこんなことを言いたくありませんが、これを言わずにいると後で必ず自分が苦しい思いをすることになります。私は現にそういう失敗を何度も繰り返しました。

日時を約束して言質を取ったとしても、実際にその日が来ても

■図5-6

やってくれないということはよくあります。どんな分野の仕事においてもあることです。でも必要ならば何度も督促するべきです。結局自分で肩代わりしてやるのでなければ他に方法はないのです。

タスクに日付属性を与えるというのは、絶対に必要なことです。自分が持っている「いつかやる」というリストは、「当分やらない」という意味であり、「人に頼んだ」というだけのリストは「やってくれたらありがたい」という意味でしかありません。そのようなリストはこう書き改めておいた方がいいでしょう。

「締め切り間際になって、結局自分がやることになって泣くことのリスト」

こう書いてあれば少しは強気になれるかもしれません。

❹ チャットであって「私信」ではない

これはスカイプなどでも同じことが言えますが、チャットのいいところは「私信」ではないところです。メールは「私信」なのです。

メールはデジタルであるにもかかわらず、「手紙」というアレゴリーをそのまま引き継いでしまっています。「受信トレイ」や「アドレス」や「未開封」などといった表現にそのことが表れています。「私信」の行き先は「相手のプライベート空間」ですから文面にも気をつかわなければなりません。「突然のメールで失礼いたします」「お世話になっております」「よろしくお願いいたします」などなどの表現は、コピーアンドペーストが繰り返し使われていることがわかっているのに、一向になくなりません。

「私信」ですから立て続けに出すものでもありません。「連続メールで失礼します」などという表現があることは、それをよく物語っています。だから「1メール1要件」という原則がそれなりに便利なのに、なかなかそうできないわけです。「用事は1つのメールにまとめて送る」ということになります。

これは用事を頼む方が遅れてまとめて送信するという悪い慣習を助長します。用事をまとめるには、最後の用事が決まるまでメールしないことを意味するからです。

用事を頼まれる方は、タスクにかけられる時間を削られた上に、分解すべきタスクをまとまってメールされるという不都合に直面します。その上1つのメールにいくつもの用事がまとめられているので、いくつの用事を済ませればいいのかがわかりにくくなります。

結果としてメールを開くことはストレスになるため、遅く届いているメールを読むのをさらに遅らせるという悪循環を招くのです。
一言でいえばメールは仕事を遅らせるのです。

ChatWorkでもこの問題を完全に解決できるわけではありませんが、少なくともチャットするたびに「お世話になっています」などと打ち込む人はいないでしょう。私信ではないため私信らしさを出す必要がないのです。

ですから「まとめて送る」という発想にもなりにくく、タスクが発生すればすぐに送信できます。読む側としても「まとめられている」とは感じないため、「開くことへの抵抗」は少なくて済みます。

もちろん「内容がまとまっていた方が便利だ」というケースもあるでしょう。その場合には、そしてその場合に限ってメールを使うようにすれば、無駄にたくさんのメールのやりとりをせずに済みます。

以上で本章は終わりになりますが、簡単にまとめましょう。
二人以上が共同で事に当たるプロジェクトにおいては、少なくとも次の3つの条件を備えたプロジェクト管理ツールが必要不可欠です。

❶ 階層構造化できる
❷ 日付属性が与えられる
❸ クラウド対応

以上ができるツールであれば、頭や紙で管理する場合よりも圧倒的にトラブルが減り、スムーズに物事が運ぶでしょう。

同時に、会話からタスクを作り出せるチャットサービスも利用すべきです。この部分はこれまでのところメールのみ使われてきました。しかしそろそろメールをプロジェクト進捗の連絡手段とすることは、やめるべきです。なぜならメールは「手紙」であり「私信」のため、元来プロジェクトを進めるための手段として使いやすくはないのです。

Chapter 6

タスク管理 システム運用の実例

本章では私自身が、タスク管理システムを用いて1日のタスクをどのように処理しているかを、細かく解説していきます。

これは私自身の例ですから、もちろん読者がそのまま使うわけにはいかないでしょうが、御自身のタスク管理システム構築の参考にしていただければ幸いです。ここまでで、かなり込み入った話をしてきましたから、実際の運用例を紹介する必要があるでしょう。

まず図6－1を見てください。私は朝の一番最初に、この

■図6-1

Folder	Task	Length	Repeat	Context^	Due Date
A=4-6					
C1630『タスクツール』	第7章執筆計画（明日やりながら！）	none	None	A=4-6	Today
000002日次レビュー	レビュー。 Omnifocusを！「家計」はしな…	13 mins	Daily	A=4-6	Today
C1630『タスクツール』	第7章	40 mins	None	A=4-6	Today
000001日次スタート	Omnifocus から移す	5 mins	Daily	A=4-6	Today
000001日次スタート	Inboxゼロ（回避）	13 mins	Daily	A=4-6	Today
000000読書	社会認知心理学系読書	none	Daily	A=4-6	Today
No Folder	43フォルダーから「今日トレイ」へ移動	1 min	Daily	A=4-6	Today
No Folder	todBIGをチェック	1 min	Daily	A=4-6	Today
No Folder	予定表作成	10 mins	Daily	A=4-6	Today
No Folder	来週分の【曜日】に変える	2 mins	Daily	A=4-6	Today
No Folder	Evernoteの★を10分だけ整理	10 mins	Daily	A=4-6	Today
No Folder	スキャポン	none	None	A=4-6	Today
No Folder	Evernoteバックアップ	1 min	Daily	A=4-6	Today
No Folder	シャワー	20 mins	Daily	A=4-6	Today
B=6-8					
B1991MHブログ	MHの0D【構造化タグ】整理（SOON参考）	12 mins	Daily	B=6-8	Today
No Folder	43フォルダー処理	30 mins	Daily	B=6-8	Today
D1991シゴタノ	ヨメレバつける	10 mins	None	B=6-8	Today
No Folder	肩回し左右100回・クビ回し10回ずつ	10 mins	Daily	B=6-8	Today
No Folder	キャッチの#方針をチェック	5 mins	Daily	B=6-8	Today

画面を目にすることになります。

これはToodledoの画面です。ここには今日やるべきタスクのほとんどが並べられています。前日の晩に、Toodledoが勝手に用意してくれたものです。

なぜこのタスクリストが用意されるかというと、

- 毎日やることは0時に更新されて当日やることになる
- 毎週やることは、該当曜日の0時に更新されて当日やることになる
- 毎月やることは、該当日の0時に更新されて当日やることになる
- 過去に先送りされたことは、当日やることになる

からです。この4つはToodledoを使って自動的にタスクとして生成させることが可能です。

1 4時に起床してシャワーを浴びる

ところで、このリストを見る前からすでに終わっていることがあります。シャワーを浴びるという毎朝の習慣です。これはタスクリストを見なくてもやることですから、早々にチェックを入れてしまいます。そんなものまでタスクにしなくてもいいと思われるでしょうが、朝4時に起きたとしてその日の何時に活動がすべて終わるかを知りたいので、こうしているわけです。

図6―2ではシャワーを浴びて服を着替えるまでにかかる時間は20分となっています。こういうのを見た方がよく「窮屈そう」と言われるわけですが、朝起きて「さあこれから20分でシャワーを浴びてパンツを履き替えるぞ!」と決意するわけではありません。朝起きてなんとなくトイレに行ってなんとなくシャワーを浴びてそこら辺にある服を着て書斎に来てみると、20分が経過しているのです。私のタスクにおける見積もり時間とは、基本的にこういうものです。自然と行動をとったらどうな

■図6-2

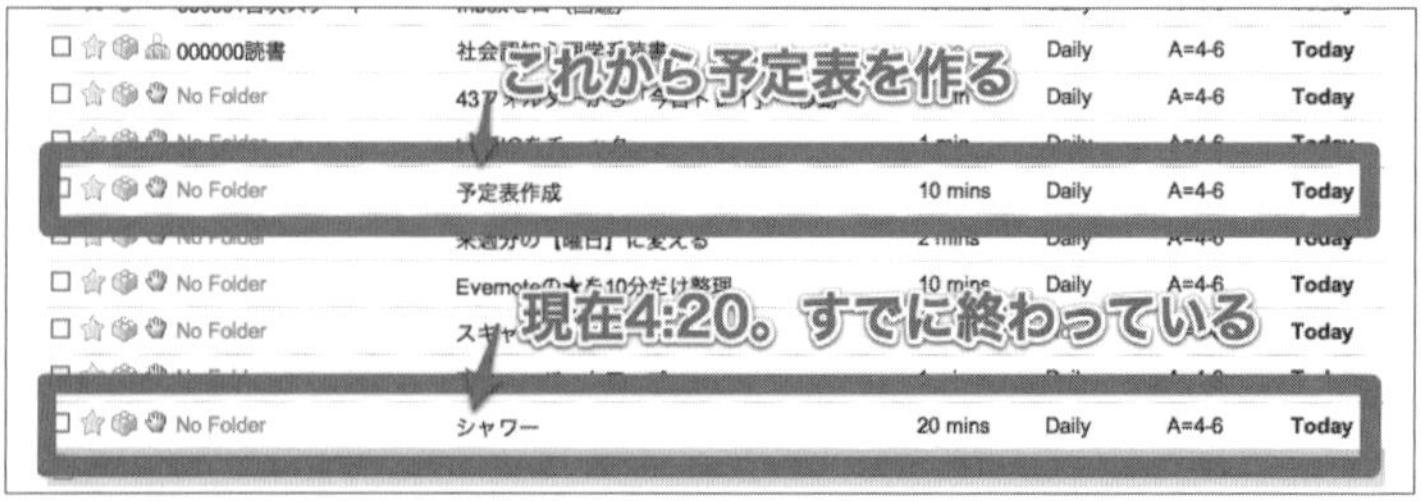

るかを知りたいのであって、いちいち決意を新たにする必要はないのです。

シャワーを浴びたら予定表を作成します。これも毎日の習慣であって、特にタスクリストに書かれていなくても半自動的に始めてしまうことができます。

2 スケジューリング

これまたよく言われることなのですが、私はスケジューリングによほど長い時間をかけていると思われるようです。しかし、先ほど挙げたとおりほとんどのタスクはルーチン化されていて、Toodledoが勝手に組んでくれるわけです。ですからスケジューリングは朝10分もあれば、終わります。これはTogglというツールで計測しています（図6―3）。もちろん日によって13分くらいはかかりますが、よほどサボりながら（マンガでも読みながら）やらない限り20分はかからないのです。13分かかるというのも、むしろ睡魔と闘っているからであり、スケジューリングそのものにかかる時間は7分くらいでしょう。

スケジュールはすでにルーチンのタスクが全部済んでいますから、やることは4つだけです。

- その日のうちにやるべき重要案件の確認
- 1日を2時間ずつ7セクション（A～G）に分けているので、各セクションの見積もり合計時間が2時間以内に収まるようにする
- 最後のセクションは1時間程度にしておき、1時間のバッファを設ける
- 1日の作業終了時刻は17時前後になるようにする

こう書いてみると簡単なことばかりで、これに10分はかかりすぎです。急げば3分で終わりそうですね。

3 セクションの見積もり合計時間を2時間以内に直す

このタスク管理システムにおける1日のタスク処理のキモはここにあります。経験上、セクションの見積もりが2時間を超えていたら、決してそこにあ

■図6-3

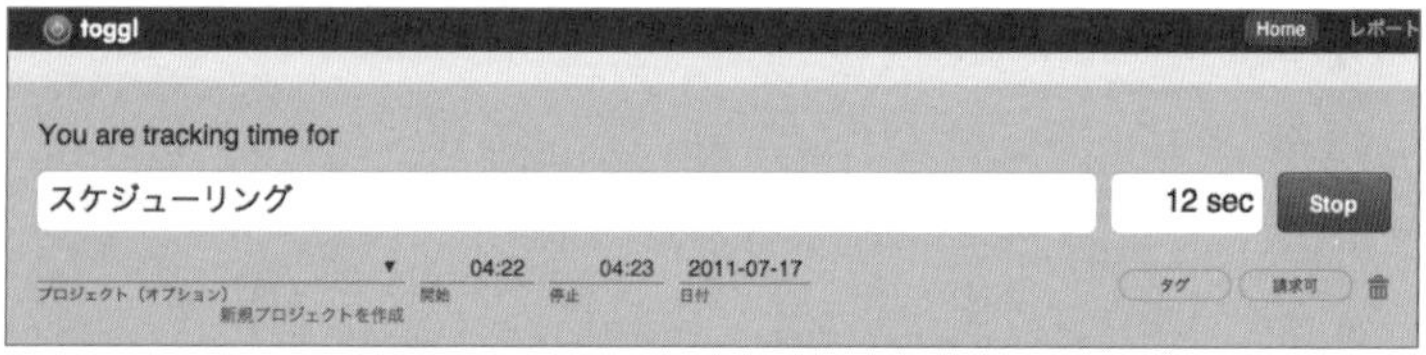

■図6-4

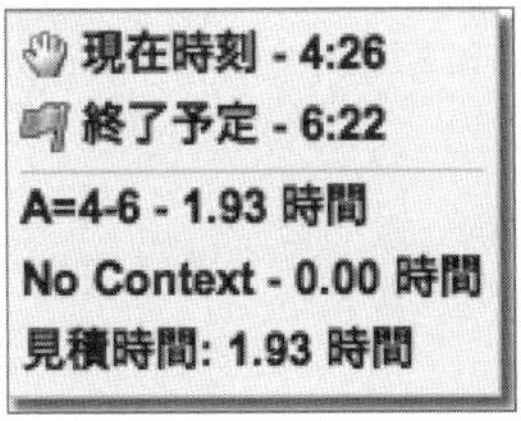

るタスクのすべては終わりません。１・８時間くらいにしておけば、ほぼ終わります。１・６時間以下だと、今度は油断して終わらないこともあります。

　とにかく、２・１時間くらいならいいだろうというのが、最もよくありません。そのわずかな超過のせいで、セクションのタスクのいずれかが翌日送りになることもよくあります。

■図6-5

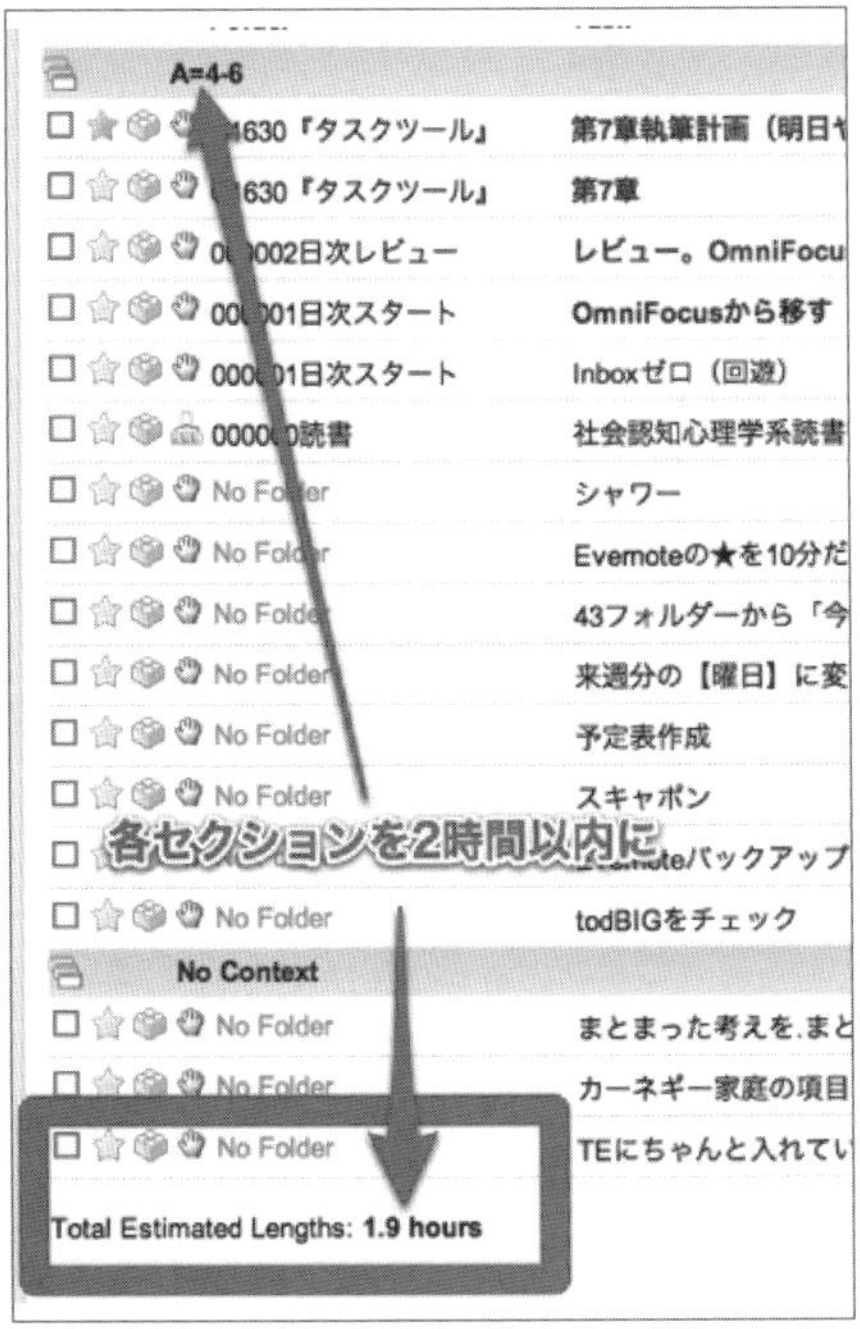

　まず朝の最初はセクションAから始めます。経験上、セクションAとBに仕事を詰め込みたくなります。おそらく仕事を早いうちに終わらせておこうという意識が、四六時中働いてしまっているのでしょう。

　この日もそうでした。見ると（図６―４）、４時26

分（シャワーを浴びたあと）なのにセクションAのタスク見積もり時間は1・93時間とあり、セクションA終了予定が6時22分となっています。これは6時までに終わらせるべきなのに、22分も超過しているという意味です。このようなセクションは混乱の元であり、絶対に放置できない状態です。

4 EndTime2

ところで、図6－4のような「現在時刻」「終了予定」「見積時間」などの情報を表示してくれるのは、Toodledoの標準機能ではありません。これはEndTime2というブックマークレット[1]を活用することによって実現している表示なのです。

もともと「EndTime2」は「Toodledo」を「タスクシュート」として利用するためのブックマークレットでした。

「タスクシュート」とはブログ、「シゴタノ！」の大橋悦夫さんが開発したTaskChuteの原理を応用したタスク管理術です。TaskChuteはエクセルのマクロでシゴタノ！からダウンロードできます。

1　ウェブブラウザでブックマーク（お気に入り）をクリックすると、登録しておいたURLに移動します。そのURLの代わりにプログラムをブックマークしておくと、クリック時にプログラムが実行されてちょっとした機能が実行されます。これをブックマークレットといい、非常に便利な機能がたくさん無料配布されています。EndTimeもブックマークレットなのです。

タスクにかかる時間を見積もり、その総和が何時間何分になるかについてならToodledoに教えてもらえます。しかし、現在時刻と見積もりの総和を足したら何時何分になるかを知らせる機能は、Toodledoにはありません。そこでEndTimeというブックマークレットの助けを借りることになります。

現在表示しているタスクリストの処理にかかる時間の総和を現在時刻に加えることで、仮に全タスクに見積もりどおりの時間をかけたら何時何分に終わるかをリアルタイムで教えてくれるわけです。

私は毎日、娘を21時に寝かしつけるようにしています。そのためには、18時にお風呂に入れなければならないので、その前にすべての仕事を終えなければなりません。タスク見積もり時間の和が、18時を超えるようではいけないわけです。そのためいつもEndTime2の表示とにらめっこしながら仕事を進めています。

この感覚は、目的地設定をしたカーナビで、約束の時間に間に合うように車を走らせている感覚と似ています。最初は大ざっぱな「予定時刻」も目的地に近づくにつれて精度を上げていって、約束の時間に間に合うかどうかも切迫感を増すでしょう。

私の仕事とEndTime2との関係も一緒です。18時が近づくにつれ、残りタスクの数が減りますから精度は当然高くなり、間に合うかどうかの追いかけっこの精度も高くなるというわけです。

5 何かをやっているうちに終わってしまうこともタスクリストに入れる

よく、「今日1日いろいろなことをしていたのだけど、何かを成し遂げた気がしない」という話を耳にしますが、私はこれを避けたいといつも思っています。そこで「たとえやるべきだと思えなくても、やる価値があると強く思えなくても、やることは全部タスクリストに入れる」という原則を打ち立てています。極論を言えば「トイレに行く」という「タスク」も追加したいのです。

とても個人的な気分について話すようで恐縮ですが、私は人から「何もやっていない」と言われることに時々強い怒りを覚えます。何もやっていない時間など、人には1秒たりともないのです。寝ているとしても「眠っている」のです。このことを私たちは誰もが知っていますが、私はToodledoによる時間管理のおかげで、毎秒ごとに実感として思い知らされています。何かをしているから、他のことができなくなります。考え事をしていても、

■図6-6

	A=4-6	
□ ★ 🎲 ✋	C1630『タスクツール』	第7章執筆計画（明日やりながら！）
□ ☆ 🎲 ✋	C1630『タスクツール』	第7章
□ ☆ 🎲 ✋	000002日次レビュー	レビュー。OmniFocusを！「家計」はしな...
□ ☆ 🎲 ✋	000001日次スタート	**OmniFocusから移す**
□ ☆ 🎲 ✋	000001日次スタート	Inboxゼロ（回遊）
□ ☆ 🎲 🏛	000000読書	社会認知心理学系読書
□ ☆ 🎲 ✋	No Folder	todBIGをチェック
□ ☆ 🎲 ✋	No Folder	Evernoteの★を10分だけ整理
□ ☆ 🎲 ✋	No Folder	43フォルダーから「今日トレイ」へ移動
□ ☆ 🎲 ✋	No Folder	来週分の【曜日】に変える
□ ☆ 🎲 ✋	No Folder	予定表作成
□ ☆ 🎲 ✋	No Folder	スキャポン
□ ☆ 🎲 ✋	No Folder	Evernoteのバックアップ

時間は過ぎ去ります。私はカレンダーの脇に「ＴｏＤｏリスト」のある手帳などを見るにつけ、「このデザインでは仕事が進まなくなる」と思ってしまいます。作業がカレンダーという「時間枠」の外に置かれているからです。しかし現実世界において「時間枠の外」でできることなど何もないのです。何もしないまま仕事時間が過ぎてしまった、ということはあり得ないのです。

だから私は、「これらのことを必ずする」ということはすべて、ルーチンとしてタスクリストに組み込みます。それにかかる時間もすべて計算に入れます。すると、ルーチンでない作業はどうしてもそれ以外の時間でやらざるを得ず、ルーチンの時間も大切にムダなく使うようにしなければならなくなるのです。

図6−6の下線を引いたタスクはすべていわば「一瞬で終わる仕事」です。もちろん本当は一瞬などでは終わらないので、「1分」「2分」「3分」といったふうに時間をかなり正確に見積もってあります。こうしたことをする間にも時間は過ぎていきますが、これらは「削ってはならないタスク」なのです。これらについて考慮に入れず「本当にやるべきことのみをやる」と言ってもムリなのです。それは「トイレに行く時間をゼロにすれば、その分仕事がはかどる」というようなものです。

6 「来週の今日」のスケジュールを組む

「来週の今日」の様子が最もよくわかるのは、

❶一週間前のスケジュールを見た時（月曜なら一週間前の月曜の朝）
❷一週間前の仕事が終わった時（月曜なら一週間前の月曜の夜）

■図6-7

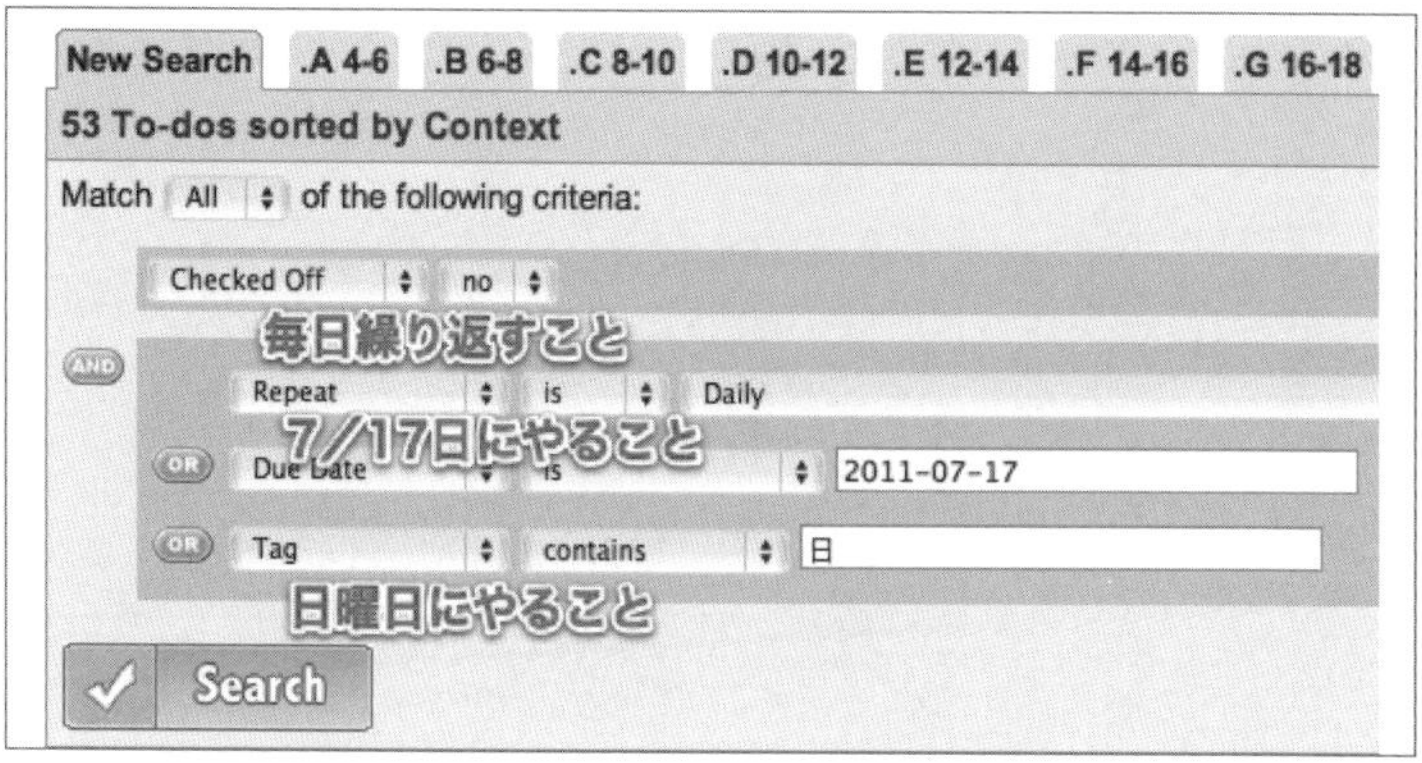

❸ 前日

辺りかと思っています。❸は7日前に知りたいことを前日に知ってもダメですから論外で、予定を組むなら❶か❷ということになりますが、❶が時間的にはいちばん離れているので、このタイミングでスケジューリングするのが最も価値が高そうです。そこで私は❶のタイミングで「来週の今日」のスケジュールを組みます。

Toodledoで私が「今日のリスト」として使っているのは、「今日やること」になっているタスクを条件検索して、それを保存した結果です。具体的には図6−7のような条件検索を行っています。

今日は7月17日の日曜日です。今日やることは次の3つの条件に当てはまるタスクです。

・毎日やること
・7月17日にやること
・日曜日にやること

すでに説明しましたがもう一度簡単におさらいします。

毎日やることはタスクに「Daily」という繰り返し条件をつけています。これは簡単です。たとえば「食事」というタスクには全部1時間から1時間半の時間を見積もり、「Daily」をつけています。

7月17日にやることは、タスクに「7月17日」という締め切りを設定してあります。大事なのは「いつ着手するか」です。なるべく早めに着手したいところですが、早く着手するには、「直近で何月何日だったら時間が取れるか?」を知らなければなりません。だから私は作業をなるべく直近1週間の中に詰め込み、1週間の時間の空き状況を全部把握できるようにしているわけです。

「日曜日にやること」は「毎日やること」の週間バージョンです。タスクには「Weekly」と与えておき、さらに「日」というタグを付けています。「日」というタグが付いている

■図6-8

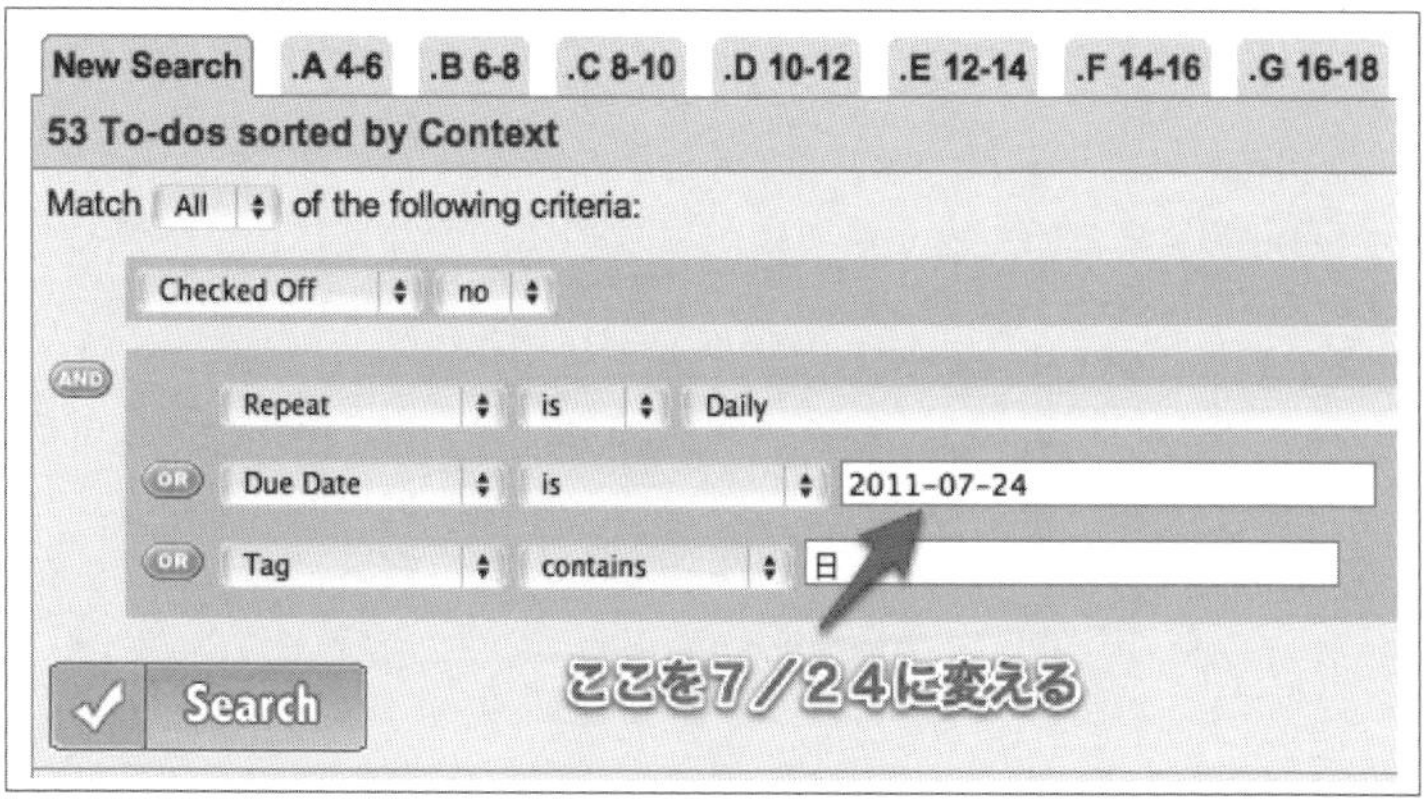

タスクはすべて「日曜日」のタスクリストに上がってきます。

この7月17日締め切り条件の設定部分を7月24日に変えてやれば（図6－8）、7月24日締め切り設定のタスクと、毎日やること、日曜日ごとにやることで条件抽出したタスクリストが得られます。

タスクが得られたら、24（日）という名前でそのタスクリストを保存します（図6－9）。これでいつでも7月24日（日）のタスクリストと空き時間状況が確認できるわけです。

24日（日）で保存するとToodledoの場合24日（日）のタブが生成されます（図6－10）。このタブを直近1週間分用意しておくと、いつでも直近1週間の状況が分刻みで確認できるので非常に便利で、すばらしい安心感が得られます。たった今、この時にはコーヒーを飲みながらマンガを読んでいたとしても、今後1週間は決して時間に関する深刻な問題に見舞われることがないという決定的な確信が得られるからです。よく小学校時代などに、8月の23日頃、心の奥底でちらちら感じていたあの何とも言えない不安が、心のどこを探してもかけらも見つからないわけです。

　余談になりますが、私はお金についてもこれとまったく同じことをしています。ですから直近1週間に限っていえば、お金についても時間についてもいかなる心配もする必要がないということをいつでも目で見て確認できます。私は今、なんとなく不安になることがあったり、人からイヤなことを言われた時には、必

■図6-9

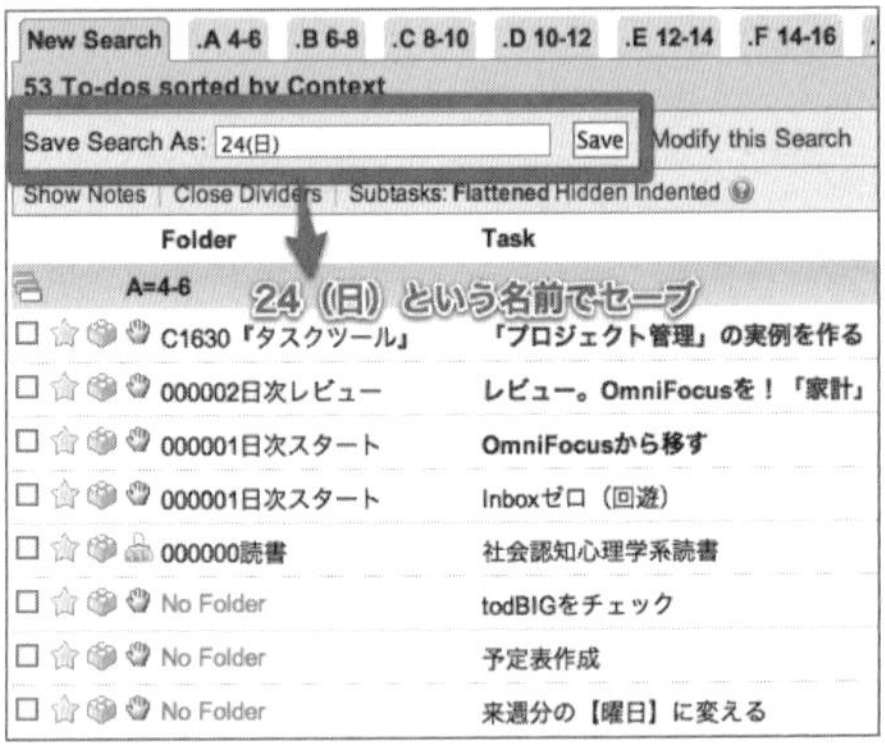

■図6-10

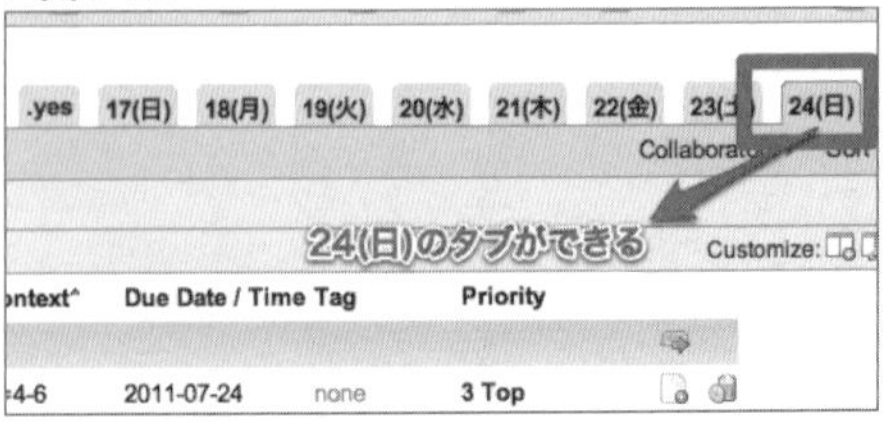

■図6-11

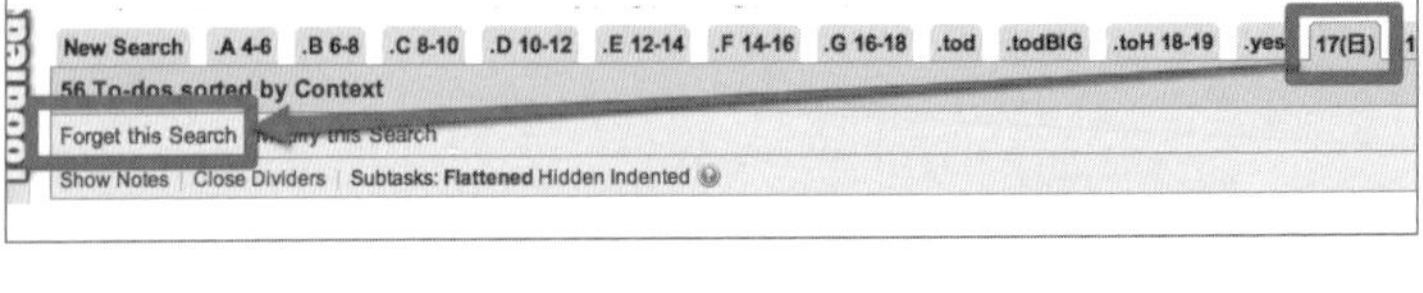

ずこの時間表と収支のシミュレーション表を見返し、何が起ころうと少なくとも時間とお金について深刻な事態にこれから1週間見舞われはしないということを確認します。

最後に「今日」7月17日（日）の保存された検索リストは不要になりますから、これは「フォーゲット」してしまって消します。タブを開いてフォーゲットをクリックすれば消えます（図6－11）。

COLUMN

1円単位で家計簿をつける

収入が増えれば、支出も増えます。税金の額が増えますし、仕事が増えれば、資料に必要な支出や、移動に必要なお金、さらには、それまで出入りしたことのないようなところへ出入りするために、新しいスーツを用意したりする必要も出てきます。

もちろん、仕事が減れば減ったで、収入は減りますから、どうしてもお金の不安と無縁ではいられないと思っています。

今どきのパソコンであればどんなソフトを使っても、家計簿をつけられると思います。パソコンソフトのいいところは、未来の収支が簡単に把握できるところです。要するに、未来の日付であっても、現在と同じように扱うことができるので、収支を想定して金額を入力できるということです。

だから私は、来月の1日や再来月の1日に、どの口座に、いくら残額があるか、常に把握しています。もちろん、実際に収支が発生すれば、ほぼそのタイミングでデータを入力しますから、未来の残高は、リアルタイムに変わっていきます。

紙の家計簿でこれをやるのは、かなり大変なので、デジタルツールにうってつけの作業です。今では、妻の口座や財布の現状がどうであるか、1円単位で知っています。妻は知らないかもしれませんが。

もちろん、ここまでやられることを好む人はいないかもしれませんが、こうしておくことで、不安を大幅に解消できるのはたしかです。いくら使えば、何月何日頃に危なくなるか、いくら収入があれば、何月何日までは大丈夫か、それがわかっていれば対策を立てられるからです。「不意に」お金がなくなる、などということはありません。

7 行動記録を詳細に残す

1日のタスクにかかる全体的な時間について、精度を少しでも高めたい私としては「行動記録」をとる必要が出てきます。それも詳しくとらなければなりません。

もちろん完璧な見積もりなどムリに決まっています。しかし、「終了予定」に一定の信頼を寄せるには、誤差が一定のレベルに収まっていることは大事です。

私はTogglという行動記録をインターネット上に残してくれるツールを使うことで、1日のすべての行動を記録に残しています。朝の4時から夕方18時30分前

■図6-12

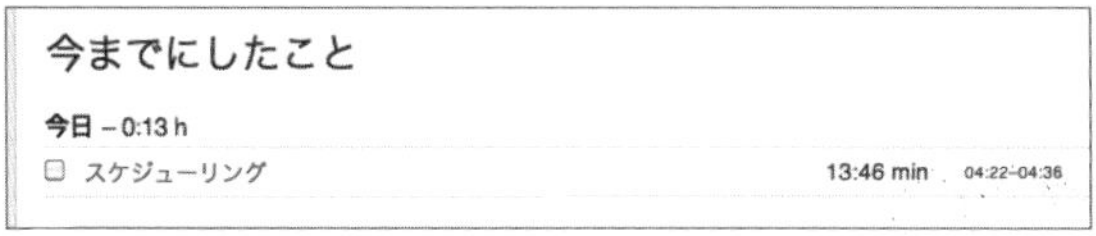

■図6-13

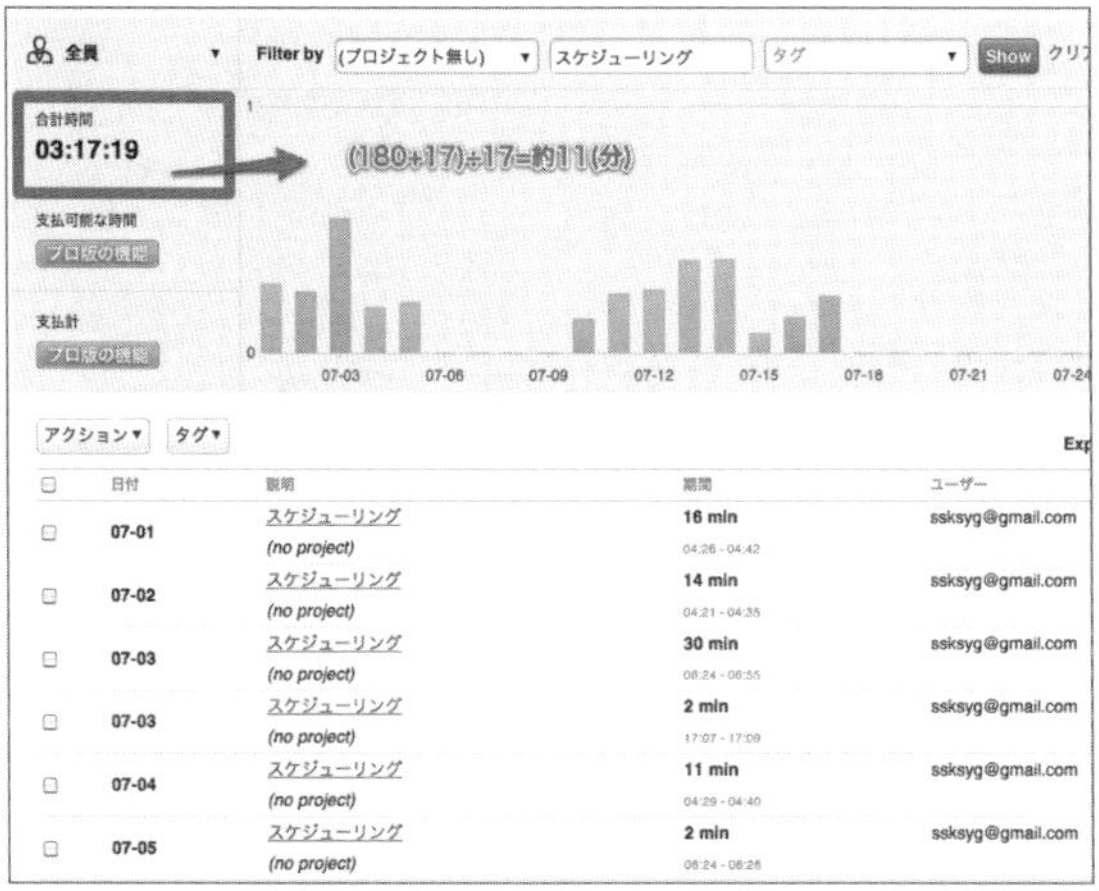

後まで、途切れなく記録を毎日残す。そうすることによって、たとえば「スケジューリング」にかかる時間を見積もることが容易にできます。

この日、スケジューリングに少々手間取って、14分近くかかっています。図6－12のようなこういう記録を毎日残していけば、当然平均値が得られるわけです。

たとえば図6－13が、7月の17日間の「スケジューリング」にかかった時間の毎日の記録です。合計して3時間17分ですから、平均すると約11分になります。スケジューリングには10分の時間が見積もってあり、問題ないでしょう。

8 日次レビューと日次スタート

これで仕事に取りかかれそうに思えますが、私はその前にまだいくつかやることを残しています。それが「前日の見返し」と「その日のはじめにするメンテナンス」です。これを私は「日次レビュー」と「日次スタート」と呼んでいます（図6－14）。

日次レビューは前日にやったことをざっと思い出すために行っています。前日に何かろくでもないことがあったり、仕事が一向にはかどらなかったりしたら、当日にもその余波

■図6-14

☐ ☆ 🎲 ✋ 000002日次レビュー	レビュー。OmniFocusを！「家計」はしな...	13 mins
☐ ☆ 🎲 ✋ 000001日次スタート	**OmniFocusから移す**	5 mins
☐ ☆ 🎲 ✋ 000001日次スタート	Inboxゼロ（回遊）	13 mins

■図6-15

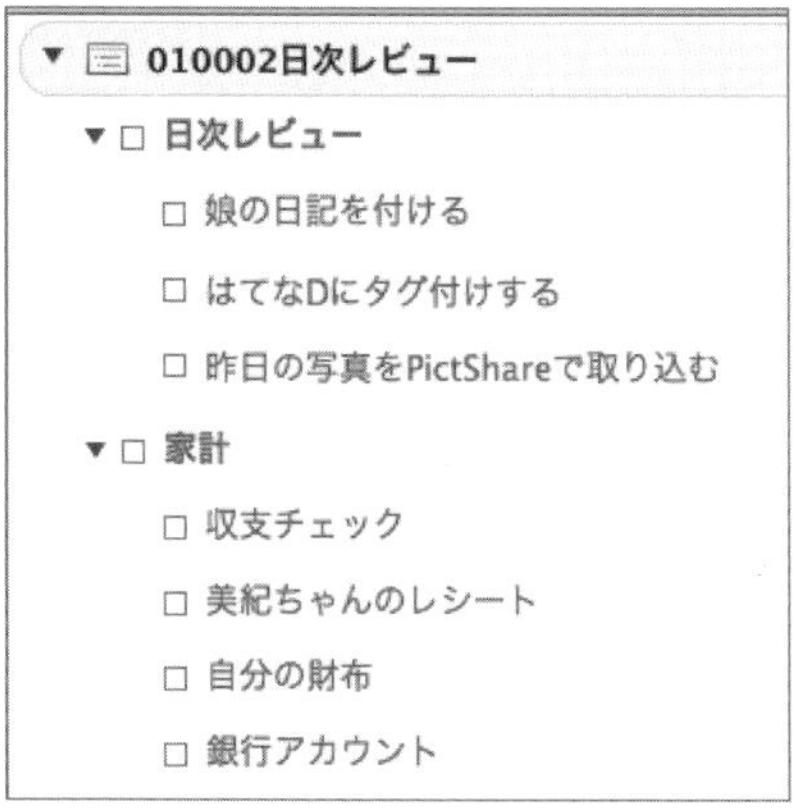

があっておかしくないので、それの対策を考えます。

私の日次レビューはだいたい図6－15のような感じです。いろいろと試行錯誤した結果、前日のことを心の中に再現するためには、

- 1歳になる娘のことを考える
- 昨日あった出来事（はてなダイアリーにある）に感情的な評価（うれしいとか残念など）をつけてみる
- 昨日撮った写真を見返す
- 家計簿をチェックする

というのがベストであることがわかったのです。15分程度というそれなりの時間がかかりますが、これを全部やっておくと昨日起こったことがありありと再生されるので、こ

■図6-16

れをやっておくのとやらないのとでは、トラブルに見舞われるリスクが実感として違います。

レビューが終わったら次は日次スタートです。これは「今日の」タスクリストに「モレ」がないように万全を期すためのものです。自分がタスクを記入しうる、あらゆるツールや手帳を「回遊」します。回遊先も記録しておかないと思い出せなくなるので、やはりOmniFocusというタスク管理システムを使って、チェックします。

図6–16のとおり、回遊先は「Evernote」「ChatWork」「OmniFocusのインボックス」「ロディアメモ」「モレスキンノート」とけっこうあります。しかもそこに殴り書きのようになっているメモがあります。この作業にはやはり10分以上かかることがあります。ただ、かからない時にはほとんど3分くらいで済みます。やや時間の幅の大きい作業です。

ここでチェックするのはタスクとは限りません。というより、タスクでないことが多いと言えます。約束事や大事なメモのチェックをかけます。何日も同じような約束であることがほとんどです。たとえば今書いている原稿について、編集さんは何月何日に何部発行してくれると口頭で言ったかということを、毎日チェックしています。もし何も言われていなければ「何も言われていない」という事実を確認します。

これはタスクとは言えません。これについてやることは別にないからです。しかし私が安心して仕事に取り組むためには非常に大事な情報であり、タスク管理システム全体が果たしている非常に大事な機能は、心の平安を確実なものにすることですから、やはり1日の最初に確認をとるべきことはここに入るわけです。

後になってふと「あれ、あれはどうなっているんだっけ?」と思いそうなことをここでチェックし、ここに来ればチェックできるということを毎朝思い出しているというわけです。私はその「ここ」をEvernoteの「約束」(図6-17)というタグ[2]に決めています。

9 ChatWorkのこと

朝の最初のこのタイミングで(通常は4時30分頃)前の章で紹介したChatWork

2　はてなダイアリーなどのブログサービスや、Evernoteのようなデジタルノートにはよく「タグ」という整理のための機能が用意されています。これをどう使うかで悩む方も多いようですが、「約束」や「欲しいもの」などの概念で束ねておけばいいのです。あとでどう整理したかわからなくなる、という不満も多いのですが、それはタグを参照しなくなっているからです。タスク管理ツールに「Evernoteの欲しいものタグを参照する」というタスクを作っておいて週に一度でも繰り返すようにすれば、タグが埋もれてしまうことはありません。

というツールに発生しているタスクをすべて1日のタスクリストに投入します。

紹介したとおりChatWorkというのは仕事に関するチャット（話し合い）の中から発生するタスクを管理してくれるツールです。

仕事に関する話し合いといえば、私の場合には打ち合わせが多いわけですが、驚くほどたくさんの提案や作業をいただきます。それらのすべてをいちいちメモに書き留めるよりも、ChatWorkで直接タスク化してしまう方がずっと効率的です。

図6―18は一部隠してあるためにわかりにくくなっていることもありますが、もともと会話から発生している

■図6-17

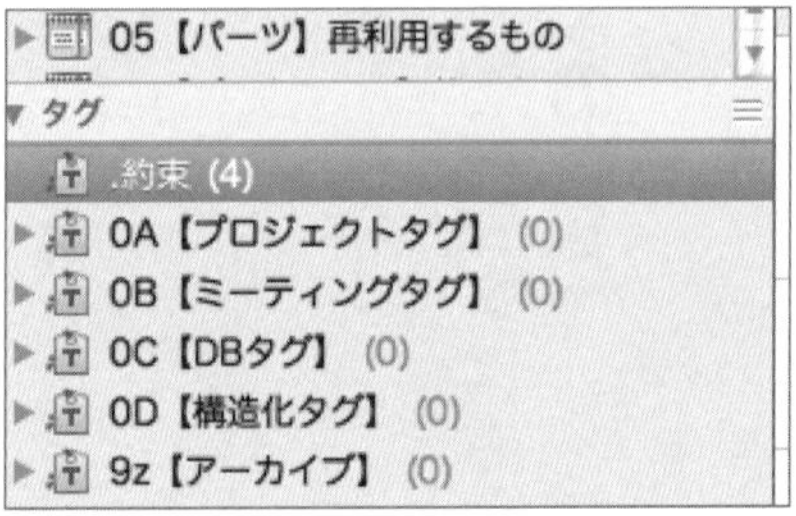

■図6-18

タスクのために、タスクらしい表現になっていないわけです。たとえば2011年7月7日12時59分に発生しているタスクは、仕事のパートナーである大橋悦夫さんがエントリをアップされたため、それについて私が言及するという「タスク」が発生しているわけです。

このようなタスクはモレの発生しやすいものです。「エントリをアップしたら、それについてコメントしてください」と頼まれていても、その時には「はい、わかりました」と答えますが、エントリがアップされた時には「あ、アップされたんだ。面白い」などと思うだけで、自分がそれについて何かしなければいけないということを忘れてしまいがちです。

しかしChatWorkで「アップされたらコメントする」というタスクを作っておき、毎朝それをチェックすれば、遅くても半日遅れくらいでタスクを確実に処理できます。

10 セクションごとのタスク処理

ではようやく本格的に仕事に入ります。セクションB。朝の6時から8時までの2時間です。ここで本格的な仕事を2つくらいこなせれば、その日1日は何とかなります。

■図6-19

Folder Task Length Repeat Context Due Date
@ B=6-8
B1991MHブログ MHの０D【構造化タグ】整理 12 mins Daily B=6-8 Today
C1630『タスク… 第６章 40 mins Daily B=6-8 Today
G1003SNS Evernote→Twit 13 mins Every M… B=6-8 Today
A1000スケジュ… 週次レビュー【金朝】 20 mins Weekly B=6-8 Today
No Folder RSS→G+ 13 mins Daily B=6-8 Today
No Folder 足の爪を切る 5 mins Every 1… B=6-8 Today
No Folder BPの編集さんに連絡する 5 mins None B=6-8 Today
No Folder Evernoteの★を10分だけ整理 10 mins None B=6-8 Today
@ No Context
No Folder 楽しめるイベントを作る none None No Cont… Today
Total Estimated Lengths: 2 hours Displayed Tasks: 9 active and 0 completed.
現在時刻 - 6:14
終了予定 - 8:12
B=6-8 - 1.97 時間
No Context - 0.00 時間
見積時間: 1.97 時間

今、これを書いている最中のセクションB最大の仕事は、この原稿を書くことです。少し頭が混乱しそうな状況ですね。Toodledoを見てみます。

図6−19が今見ているセクションBです。「終了予定」は「8：08」となっています。8分の超過です。しかしこの原稿を書くために、今まさにセクションBのスクリーンショットをとったりしていましたから数分は経過しています。ですから超過はせいぜい5分でしょう。それに「足の爪を切る5分」というのがあります。これは8時すぎにやってもいいようなことなので、事実上超過はない、とも言えます。

DueDateつまり「締切日」はすべて

「Today」です。これは当然。でなければここには現れないはず。

またお隣の項目もすべて「B=6-8」ですがこれも当然。ただ1つ例外は、「楽しめるイベントを作る」が「No Context」になっています。実はこうしておくことで、すべてのセクション表示中、セクションAでもBでもCでもDでも「No Context」がつきまとうようにしています。「No Context はいつでも表示せよ」という条件にしてあるからです。こうしておくことで、1日中心がけたいようなことがここに表示できます。でもこれを乱発すると、ただうっとうしいだけのことになります。

では、「この原稿を書くというタスク」に注目します。「C1630『タスクツール』」というプロジェクトとして表現され、タスク名は「第6章」。時間は40分とありますがこれは「見積もり」というよりは「最低40分は書こう」という意味です。「Repeat」は「Daily」です。休日返上で毎日朝に書きます。

このタスクが消えれば、このセクションはがぜん楽になります。残る大きなタスクとしては「週次レビュー」くらいのもの。それもせいぜい20分です。日によって30分になることもありますが、それほど大した問題ではありません。

まだ原稿は書き終わっていませんが、ここで書き終わったことにしてみましょう。タスク脇のボックスにチェックを入れます（図6－20）。すると、EndTime2の「終了予定」

■図6-20

がその瞬間に変わります。これは地味ですが大きな機能です。「7：42」となっていますね。8時までまだだいぶ時間に余裕ができるということです。今すぐこの原稿を終えれば、ですが。

過程として、次の仕事に入ってみます。せっかくですから大きめな獲物を狙いましょう。「20分」の「週次レビュー」です。

これは「Getting Things Done（GTD）」では有名な作業ですが、私は自分のシステムに合うように解釈しています。「週次レビュー」とは、「その週にあったことをひととおり見返す」という作業です。毎日ライ

3　ライフログとは最近広がってきた新しい概念で、簡単に言えば細かい日記のようなもの。デジタルツールが手軽に利用できるようになったため、「今やっていること」を30分くらいおきに写真や動画付きで記録させられます。その蓄積がライフログとなります。

■図6-21

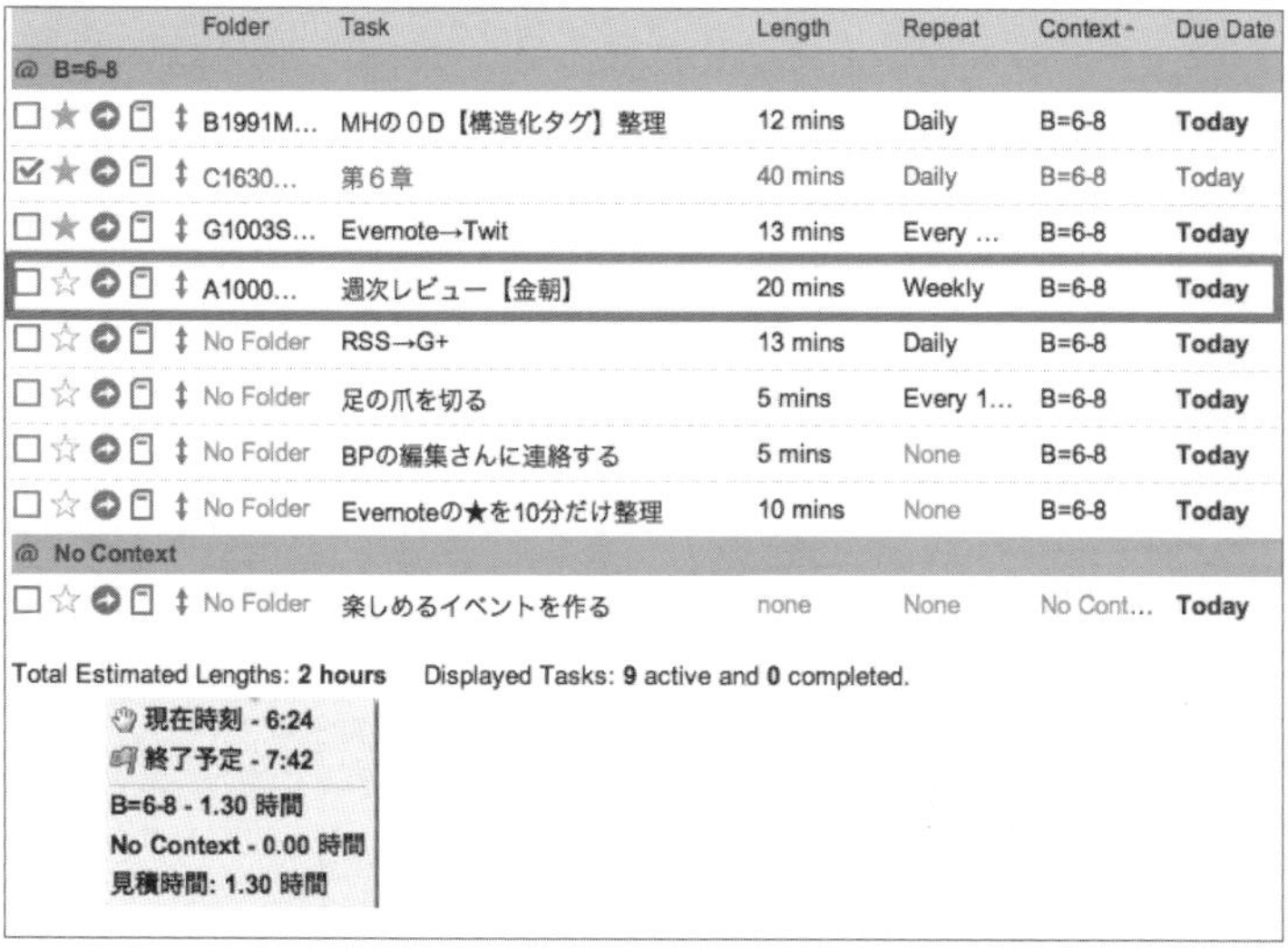

Folder	Task	Length	Repeat	Context	Due Date
@ B=6-8					
B1991M…	MHの0D【構造化タグ】整理	12 mins	Daily	B=6-8	Today
C1630…	第6章	40 mins	Daily	B=6-8	Today
G1003S…	Evernote→Twit	13 mins	Every …	B=6-8	Today
A1000…	週次レビュー【金朝】	20 mins	Weekly	B=6-8	Today
No Folder	RSS→G+	13 mins	Daily	B=6-8	Today
No Folder	足の爪を切る	5 mins	Every 1…	B=6-8	Today
No Folder	BPの編集さんに連絡する	5 mins	None	B=6-8	Today
No Folder	Evernoteの★を10分だけ整理	10 mins	None	B=6-8	Today
@ No Context					
No Folder	楽しめるイベントを作る	none	None	No Cont…	Today

Total Estimated Lengths: **2 hours**　Displayed Tasks: **9** active and **0** completed.

現在時刻 - 6:24
終了予定 - 7:42
B=6-8 - 1.30 時間
No Context - 0.00 時間
見積時間: 1.30 時間

フログ[3]をつけていますから、それを一週間分見返します。基本的にはそれだけです。とても楽しい作業です。

プロジェクトやタスクの管理としてこの作業が大切なのは、「どの作業が大切か」を知るためです。そのことを知るためにライフログをチェックして、「この作業のことを思い出してみた時、楽しかったと言えるかどうか」で判断します。

非常に楽しく充実していたら、その時間を増やします。すると何か他の時間を削るか、睡眠時間を削るしかなくなります。私は睡眠時間は絶対削らない（7時間）ことにしていますから、他の活動を削るしかなくなるわけです。

このようにして、1日、1週間により楽しい時間を増やし、その分削っていい時間を減らすようにしています。

当然ですが、「週次レビュー」ですから「Repeat」は「Weekly」です（図6－21）。また私は金曜日の朝にやることにしているので、そのことをいちいちプロジェクトにもタスクにも明記しています。こうしておけば金曜日の朝、このタスクリストに確実にあがってくることになります。

ところで、私自身の「ライフログ」は2つあって、1つは行動時間を漏れなくつけている「行動ログ」。これは「Toggl」というツールでつけています。もう1つは、「はてなダイアリー」と

■図6-22

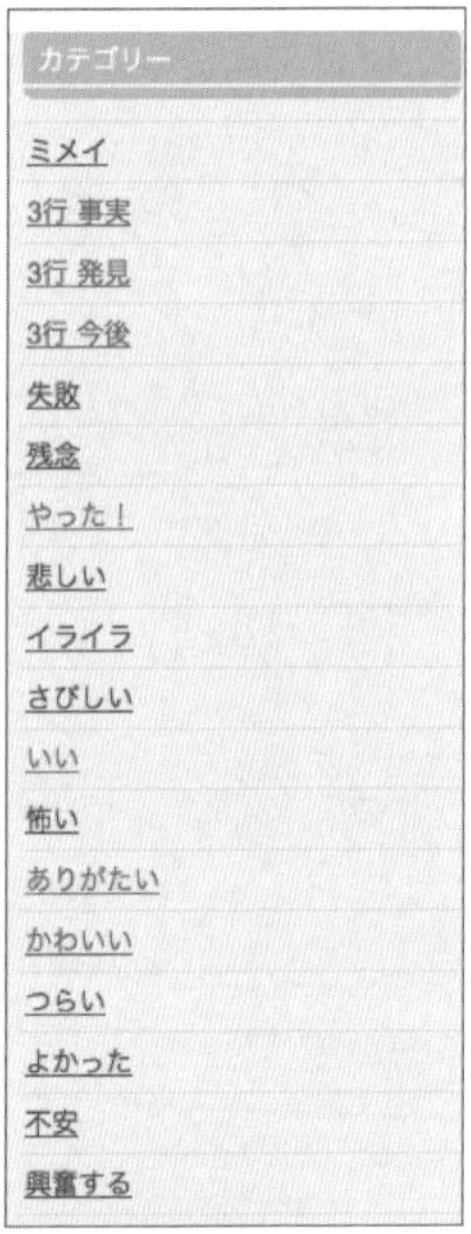

カテゴリー
ミメイ
3行 事実
3行 発見
3行 今後
失敗
残念
やった！
悲しい
イライラ
さびしい
いい
怖い
ありがたい
かわいい
つらい
よかった
不安
興奮する

■図6-23

いうウェブサービスを使ってつけている「フォトログ」です。これは出来事を写真で記録して、その写真について「感情タグ」を残しているものです。

「はてなダイアリー」のいいところは、表題にいちいち「タグ」を残せるところです。私はそこに「やった！」とか「いい」とか「怖い」とか「つらい」などとつけています。その場で感じたことをただつけているだけです。これを残しておくことで、誰と会った時どんな感情を抱いたかがわかります。「ためになった」とか「成長した」などというような複雑なものはつけません。もっと原始的で直感的な感情を記録します。こうしておけば、ある人とは戦略的に距離を置くことができ、ポジティブな感情を抱ける人に接近することが当然できます。仕事も可能であれば同じスタンスで選ぶようにしています。

よく「週次レビュー」で行動にかかった時間を計測して、それを次週からの時間の見積もりに活かしていないのですか、と尋ねられるのですが、実際にそれはあまりしていません。先ほども述べたとおり、「40分」が必ずしも「かかった時間」ではなく「かけたい時間」であることも少なくないからです。もちろん「爪切り」や「週次レビュー」であれば「かかった時間」でいいのですが、それはあまり大きく変化しないので、やった直後に実際にかかった時間を計り、それを次回に反映させれば正確になってしまうわけです。つまり、そのつどちょっとずつ修正すればすぐ正確に見積もれるわけです。

■図6-24

	Folder	Task	Length	Repeat
B=6-8				
☐	B1991MHブログ	MHの0D【構造化タグ】整理（MHインポッ…	12 mins	Daily
☐	No Folder	RSS→G+	13 mins	Daily
☐	No Folder	足の爪を切る	5 mins	Every 1..
☐	No Folder	Evernoteの★を10分だけ整理	10 mins	Daily
☐	B1994TwitterPR	Evernote→Twit	13 mins	Daily
☐	No Folder	BP編集さんに連絡する	5 mins	None
No Context				
☐	No Folder	楽しめるイベントを作る	none	Daily

Total Estimated Lengths: 58 mins

私はもう4年ほどこの方法をやってきていますから、見積もり時間をいちいち週次レビューのたびに変えることに意味はなくなってきています。それよりも、「どんな時間を増やすか」について熱心に検討した方が実りが大きいと思います。

ただ、次の週の計画については翌朝土曜日に「週次スタート」というものを用意しています。これは翌週全部の時間計画に関わることで、少し時間も手間もかかります。

さて、週次レビューも終わったことにしてみましょう。

すると残るのはもはや簡単なタスクばかりです。これらに1時間近く費やすことができるのですから幸せなものです（図6－24）。

この中で最も面倒くさく見えるのは「足の爪

を切る」です。それほど好きなタスクが多いと言えます。

こうなればなんとでもなりますので、セクションBは終わったも同然と言えるでしょう。これらはいわば「原稿」と「週次レビュー」という面倒なタスクを終わらせた後の「ご褒美タスク」なわけです。可能であればこのように、大変なタスクとご褒美タスクをサンドイッチにして各セクションを作った方が現実的です。

11 セクションCとD「午前中にやること」

ここまでで早朝セクションAとBのタスクが完了します。すなわちシャワーなど寝起きの儀式から始まって、スケジューリング、日次レビュー、日次スタート。それから大きなタスク2つ。後は細々としたご褒美タスクです。この4時間でこれだけやれれば、これ以後はぐっと楽になります。ほとんど夕方までは流れに身を任せるようにして片が付けられます。

それにAとBの4時間でそれだけ生産性があがると、それ以後の時間、くだらないことでサボって1日を台無しにしたくはないと感じます。たしかに郵便局へ行って住所の書き換えをするなどというのは面倒です。しかし、早朝に原稿を書くことに比べれば何ほどのこともないわけです。そういう意味で、午前の11時頃の「しようがない雑務」を進めるモチベーションも、早朝に仕事をしておくことで得られます。

セクションC（8～10時）は、ほとんど妻子とともに朝食を食べたり遊んだりすることに費やしてしまいますから、ここは省略します。

セクションD（10～12時）を私はスカイプというインターネット電話をつかってのミーティングにもっぱら使っています。仕事のパートナーである大橋悦夫さんと、10時から1時間ほど込み入ったミーティングを行うわけです。これはほとんど平日毎日やっています。話の内容はほとんど仕事に関することです。

大事なのは10時からミーティングを設定することで、10時には「家族団らん」を一度切り上げなければならないということです。私は家で仕事をするフリーランスのため、こうした区切りがないと自分の書斎に向かうことも難しくなるわけです。2時間を団らんに費やせば十分ですから、10時には仕事関係のミーティングを持ちたいわけです。これも11時になれば終わります。

11時から12時までの1時間は、多くの場合書類の整理、請求書送付、税務書類の整理、家計の整理、その他「アナログの整理」に当てます。本当ならこれらの仕事に1時間を当てる必要はありませんが、私は紙を扱う仕事を極端に嫌っています。コピーアンドペーストで一瞬で間違わずにできることを、わざわざ時間をかけて間違いを犯す確率の高くなるアナログでやるなど、気が変になりそうです。ですからここの時間帯には、ゆっくり時間をかけてつまらない書類仕事を淡々とこなすようにしています。

ミーティングはもちろん長引くこともあって、1時間では終わらず1時間30分になるかもしれません。その場合、書類の整理は30分に短縮されますが、大丈夫なのです。私はそもそも紙を極力減らし、自分のモレスキン手帳以外はなるべく身の回りにおかないようにしているので、書類整理にかかる時間は毎日少しずつですが確実にゼロに近づいています。あまった時間は読書をしたりします。これもなるべく電子書籍をデジタルで読むようにしています。ある意味このセクションDが今では、最も豊かな2時間と言えるかもしれません。

12 午後から業務終了まで

ここから先は、2時間のセクション内で、そこにあるすべてのタスクを終わらせることを目標に進めていくことの繰り返しです。

この日のセクションE（12～14時）では、ここで昼食をとります（図6―25）。妻が昼食をいつ準備してくれるかによって、多少昼食が始まる時間に変動はありますが、どのみち開始時刻は関係ないので、昼食を含めて6つのアクションが、14時までに終われば上々というわけです。しかも昼食に1時間24分が当ててあります。実際には1時間以上めったにかからないため、ここにはかなりの余裕があるわけです。

一般的に、大きな休憩時間は多めに当てておかないと、時間が気になってしまってリラックスできません。人によって「これほどとらないだろう」というように時間は様々でしょうが、イメージの1・3倍以上にしておくのが現実的です。

昼食が終わったらセクションF（14～16時）です（図6―26）。ここまで来ると、私の1日は終わりに近づいています。一部作業は消えていますが、これは人名が入っている関係です。人名が入っているということは、その方にコンタクトをとったり、打ち合わせをするとい

■図6-25

Folder	Task	Length	Repeat	Context^	Due Date
E=12-14					
C1630『タスクツール』	プロジェクトリライト案	none	Daily	E=12-14	Today
No Folder	43フォルダー処理	15 mins	Daily	E=12-14	Today
No Folder	スキャポン	none	None	E=12-14	Today
No Folder	終了予定をTwit	none	Every M…	E=12-14	Today
No Folder	昼食	1.4 hours	Every M…	E=12-14	Today
D1994E計画	執筆＋Evernoteチェック	12 mins	Every M…	E=12-14	Today

Total Estimated Lengths: **1.9 hours**

う内容です。つまり、私はこの時間帯に人とコンタクトをとるわけです。

人とコンタクトをとるということは、イヤでも少しは興奮します。たった一人でする作業に比べれば、先送りになりにくいわけです。午後この時間帯はもう疲れていますから、こういうところで書籍原稿を書こうとしてもつい翌日送りにしてしまいます。そういうことを避けるためにも、この時間には書類整理や人とのコンタクトに終始しているわけです。

原稿執筆もどうしても入ってきますが、それは自分のブログにしておいたり、先送りにしてもとりあえず何とかなる下書きに留めておきます。

そして最後のセクションG（16〜18時）です（図6−27）。この時間帯はもう最終段階です。日記をつけたり、メールの受信トレイを最後にチェックしたり、iPhoneの同期をとったりといったことばかりです。本書の第6章の原稿をここで30分書くことにしていますが、これはもう予備のようなもの。実際には30分くらいは他の仕

■図6-26

Folder	Task	Length	Repeat	Context^	Due Date
F=14-16					
		2 mins	Daily	F=14-16	Today
E1731スピードハック研…	タスクシュートファンページ	5 mins	Daily	F=14-16	Today
No Folder	フォルダ整理。222209スキャンスナップな…	10 mins	Daily	F=14-16	Today
B1991MHブログ	ストレスリダクションのためのチェックリス…	1 min	Daily	F=14-16	Today
D1993BP	ラフを書く	25 mins	Weekly	F=14-16	Today
A1704大掃除週間	超整理のファイルケース解放or買う	5 mins	Daily	F=14-16	Today
B1991MHブログ	1記事目から再整理しつつ書く	25 mins	Daily	F=14-16	Today
		30 mins	Daily	F=14-16	Today
		5 mins	Daily	F=14-16	Today

Total Estimated Lengths: **1.8 hours**

事に費やす必要が出てきます。残務処理というわけですね。家計簿もここでつけます。1日の終わりにつけておくのが個人的にはベストのタイミングです。

この時間帯は、2時間で終わらせるというよりも、18時までに仕事を終わらせるという感覚で見ています。もちろん18時30分くらいに超過してしまうこともあります。しかし19時になることはないようにしています。というのも今ちょうど2歳になろうとしている娘を風呂に入れ、夕食を食べさせて、寝かしつけるというタスクが待っているからです。これらにはどうやっても2時間以上かかるので、終わると21時になってしまいます。その後仕事をしたりすることはできないため、19時までに終わらな

■図6-27

Folder	Task	Length	Repeat	Context -	Due Date
@ G=16-18					
C1630『タスク…	第6章	30 mins	None	G=16-18	Today
G1001セルフチ…	日記系	none	Daily	G=16-18	Today
G1001セルフ…	毎日必ず見返すモレスキンに書く	2 mins	Daily	G=16-18	Today
G1001セルフ…	他人日記をつける	3 mins	Daily	G=16-18	Today
G1001セルフ…	EVER家族日記	none	Daily	G=16-18	Today
G1001セルフ…	3行日記をつける	2 mins	Daily	G=16-18	Today
G1001セルフチ…	メモインボックスゼロ	none	Daily	G=16-18	Today
G1001セルフ…	CamiApp	5 mins	Daily	G=16-18	Today
G1001セルフ…	Evernote-in-box	10 mins	Daily	G=16-18	Today
G1001セルフ…	Evernote-soon-in-box	1 min	Daily	G=16-18	Today
G1001セルフ…	受信トレイ	5 mins	Daily	G=16-18	Today
A1001IT設定	Toodledoのバックアップ	1 min	Daily	G=16-18	Today
No Folder	記録スプレッドシート	1 min	Daily	G=16-18	Today
G1001セルフチ…	レビュー「家計」	none	Daily	G=16-18	Today
B1993ブログト…	ブログトーク作成	none	Daily	D=10-12	Today

Total Estimated Lengths: **1.2 hours** Displayed Tasks: **20** active and **0** completed.

かった仕事は翌朝4時30分頃にやることになるわけです。

以上が私のほぼ典型的な1日です。こうしてみると改めて自分でもわかることがあります。

- 2時間で2時間分の作業を終わらせることに最も意識を用いている
- 毎日の繰り返し作業が圧倒的に多い。またそうなるようにしている
- 毎週一度といったタスクをなんのためにやるかは、週に一度確認するに留める。後はタスクリストに従うだけでうまくいくようにしてある
- これは毎月繰り返すようなタスクについても同様
- 朝の4~8時という時間帯に難しいタスクを詰め込んでいる
- 午後からはまともな作業をしない
- 夜19時以後には何もできない

これが私の大ざっぱなルールなのです。こうしている限り、とりあえず今までのように仕事を回すことはできる、というわけです。

補章
タスク管理システムを支えるサブシステム

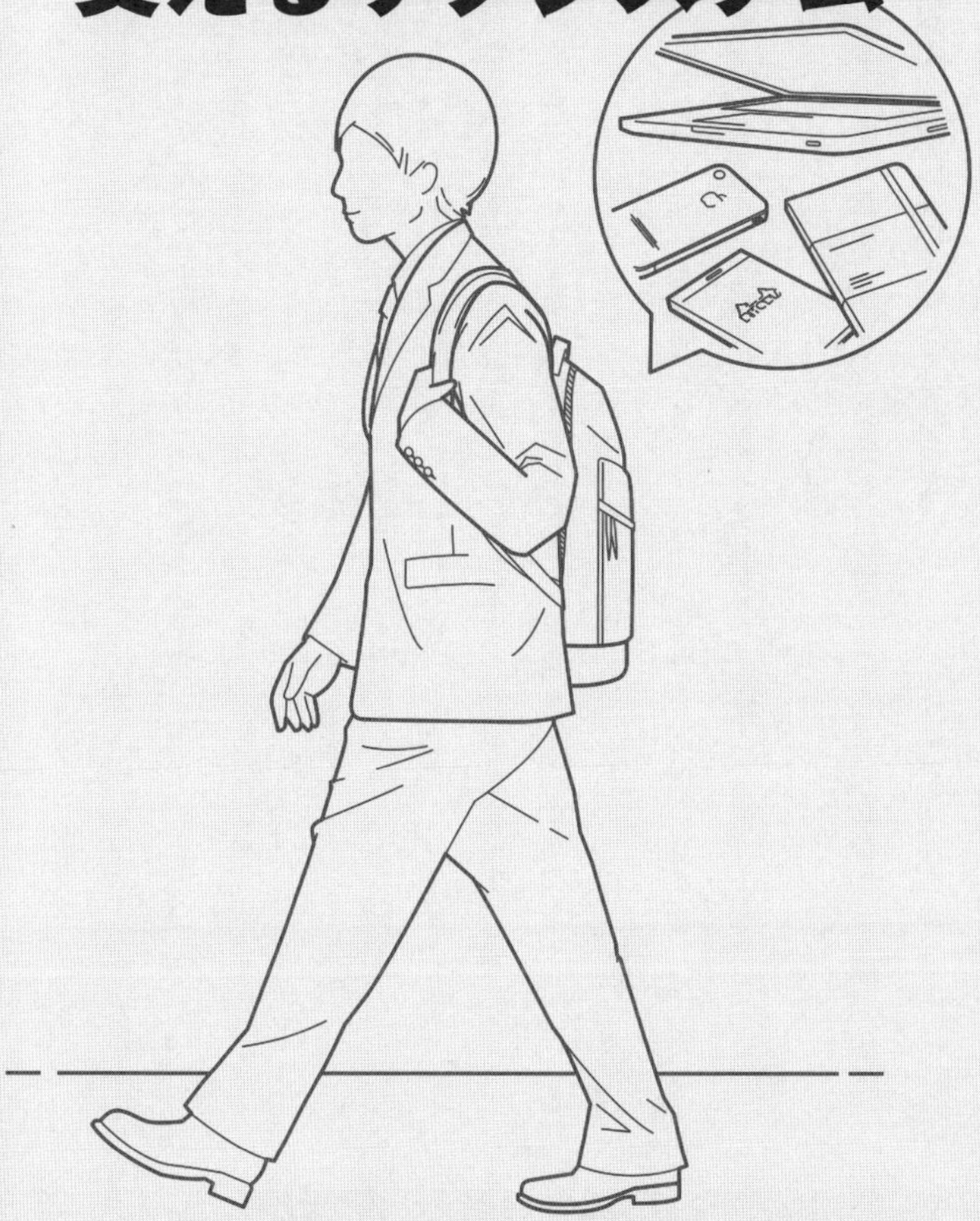

私はここまで述べてきたように、ToodledoとOmniFocusをメインツールとしてタスク管理を行っていますが、サブシステムとして以下のツールを利用しており、本章ではその説明をします。

■**domo Todo+**　パソコン（Mac）の前にいない時に行う作業をチェックするモバイルタスクリスト。食事の支度や書棚の簡単な整理をチェックリストに従って実行します。Toodledoのタスクリストに「domo Todo+を参照せよ」とあったらこちらをチェック。

■**Due**　仕事に没頭しすぎたり休みすぎを知らせるタイマー。今から20分だけ本を読む、などという時に重宝します。休み時間に書斎から離れた時によくセットします。

■**ロディア**　デジタル入力するまでもないタスクのメモ。買い物メモや、言われてすぐやる用事などを記録する時に使います。これに書いたメモは用事が済んだら捨てます。もし用事が済まなかったらToodledoへ転記します。

■**モレスキン**　タスク以外の備忘録。これもToodledoから独立しています。ここには一切タスクはないので、モレスキンを見てToodledoやOmniFocusへ転記することはあり得ません。

■ **Toggl**　行動記録サービス。行動にかかった時間を正確に記録し、この記録を元にToodledoのタスクの見積もり時間を入力します。

■ **MindMeister**　プロジェクトの全貌をマインドマップで鳥瞰するためのツール。OmniFocusで管理するプロジェクトをさらに詳細に整理したり、管理したい時に用います。

■ **Evernote**　タスクに使う資料を管理するデジタルノート。Toodledoでタスク処理中、「Evernote参照のこと」とあったらチェックします。

■ **お風呂メモ**　お風呂場で思いついたタスクやアイデアを書き留めるメモ。お風呂から上がったらToodledoへ転記します。

■ **HabitTimer**　習慣化したい行動や心がけを思い起こさせるリマインダー。なかなかToodledoにリスト化しても実行されにくいタイミングでの心がけのようなものを管理しています。

■ **速ＴｏＤｏ**　Toodledo入力支援ツール。iPhoneからToodledoへすばやくタスクを入力できます。

1 モバイル問題【domo Todo+】

私のタスクは原則としてToodledoにすべて入っており、Toodledoに書いてあるとおりにこなしていきさえすれば、仕事は完了するという仕組みになっていますが、いつもPCやMａｃの前にいるわけではありません。

たとえば朝食の支度を例にとりましょう。私は朝食の支度をする手順をリスト化（図7－1）してあって、それに従って行動するだけで食事ができるようになっていますが、この手順をToodledoでは管理していません。朝食の支度をするためにMａｃを持ち歩くのはバカげているからです。

もっと手軽な方法を使っています。domo Todo+というiPhoneアプリを使っているのです。

朝食だけではなく、Mａｃが目の前

■図7-1

7.	バターを出す ✓
8.	お茶のセット ✓
9.	ソーセージをセットする ✓
10.	ミメのソーセージを切る
11.	ミメを起こす
12.	おむつを替える
13.	お茶を飲ませる
14.	英語であそぼを見せる

にない場合に一連の行動を完了させるためにこのアプリを用いています。
もちろん、いつdomo Todo+を見ればいいかということは、Toodledoに教えてもらっています。1日の行動については一切思い出さないようにしているので、

Toodledo → domo Todo+

というのはToodledoのリストが管理しているわけです（図7―2）。

domo Todo+のいいところはどんどん入力項目を増やして、あとで並べ替えたり全部にチェックを入れたり消したりするのが、とても手軽にできるところです。図7―1にあるとおりの手順に従って、私は毎朝朝食の準備をしながら娘の世話を終えます。このとおりに動きさえすればやるべきことが完了できるのでとても気持ちがいいのです。

　またこれは物書きの習性かもしれませんが、私は何をしている時にでも考え事をしています。書いている本のことはもちろん、まったく関係ないことについても、いつでも考えています。考えてない時間といったら、寝ている時くらいのものです。とはいえ、

■図7-2

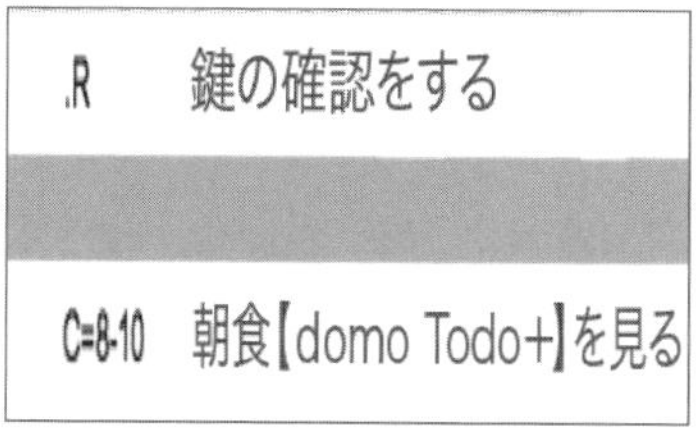

考え事をしている夢をしばしば見るのですが。

そのためどうしても身の回りのことがおろそかになりがちです。独身時代には寝間着のまま外に出たのも一度や二度ではなかったですし、一度寝間着のまま電車に乗ってひどく恥ずかしい思いをしたこともあります。財布もしょっちゅう落としていますし、お使いに行って何も買わず帰ってしまって、もう一度買い物に行ったことも何度かあります。つまりチェックリストがないと、生活があやうくなってしまうわけです。

Macの前にいて仕事をしている時は、ToodledoやOmniFocusが何でも教えてくれるので、とても安心なのですが、そこから離れてしまうと考え事ばかりしてしまって何事も進みません。domo ToDdo+のような簡易のチェックリストは、メインのタスク管理システムから離れたときに欠かせないツールなのです。

2 集中しすぎる問題【Due】

Dueは高機能なリマインダー&タイマーを備えたiPhoneアプリです。リマインダーとしても出色のできですが、私はほとんどタイマーとして利用しています。

Dueの特徴はなんと言っても「ログブック」という履歴を扱えるところ。一度でも利用したタイマーを、もう一度使い回しできるのです。（図7－3）。

そもそも私のようにToodledoを使ってあらゆるタスクを管理している人間が、どうしてタイマーなどを必要とするかといえば、休憩やタスクに没頭して過剰に時間を使ってしまうのを防ぐためです。

たとえばゲラのチェックを25分だけやろうとしていたとします。でもついつい仕事がはかどって、気がついたら打ち合わせの約束の時間を過ぎていた、というのでは恐ろしくて生きた心地もしません。ですから25分経った時点でちゃんと知らせてくれるツールが必要

■図7-3

■図7-4

なのです。

他にもこういうことがあります。たとえば仕事中に、あとでコーヒーを飲もうと思っていれに行ったら、ポットにお湯がない。仕方がないのでやかんで沸かすことにして火をかけっぱなしにして仕事に戻り、気がついたら空だきしている。とても危険です。ですからタイマーはどうしても必要なのです（図7－4）。

3 メモ

あらゆるタスクを全部クラウドに上げるとはいえ、時々妻に頼まれる食料品の買い出しメモまでクラウドに上げるのは無駄です。

- トマト
- とうふ
- ねぎ

などというメモをクラウドに上げようとは思いません。同じように、ごく一時的にメモをしておけばいいような事柄というのは当然あります。とはいっても、そういうものも私は極力頭の中で記憶保持しないようにしています。なんであれ記憶に残すというのがいやなのです。記憶に残そうとすればそれだけ精神力を無駄にすると思っています。ですから可能な限り便利そうなメモを試してきました。私自身は最近、紙のノートは次のうちのどれかを使うことで落ち着いています。

4 ロディア

まさに「買い物メモ」のような一時的な用事を書いて、捨ててしまうメモです。私が内容を含めて捨ててしまうのはロディアのメモだけです。本当に一時的な用事を書き留めておくのです。それ以外の用途には一切使っていません。ロディアにはいろいろなサイズがあります。私が愛用しているのはＮｏ．12というサイズ。ポケットに収まるサイズです。また、仕事のアイデアを考えてい

■図7-5

る最中、関連事項に関して次から次へといろいろな考えが発散する状態になることがあります。そういう時に発生する考えというのは必ずしもその時に必要な発想とは限りませんが、後々役に立つかもしれません。しかし急いでいるのでiPhoneを起動したりMａｃのところへ移動する気にはまったくなれないのです。そういう時にはメモに次々に殴り書きを繰り返し、終わってからまとめてちぎり、整理することにしています。

5 モレスキン

もう1つが有名な「モレスキンノート」です。高級で、我ながら分不相応なノートを使っているものだという気がしますが、こちらには「思い出」に関わる部分を記録しています。ですから厳密には、本書の守備範囲ではありません。なぜ「思い出」だけをこのノートに書いているかというと、デジタルで扱っている情報に混ざらないようにするためです。私はクラウド上に最優先であげているのが「タスク」ですから、極力タスク以外の情報を、クラウド上にあげておきたくない

■図7-6

のです。写真など、どうしてもというものはそれとわかるところに固めてあります。

こうしておくことで、タスクと仕事をするために必要な情報だけに、即座にアクセスすることができるわけです。

デジタル・アナログを問わず、思い出のための記録と、実用のための記録とを分けるというのはとても大事なことだと思っています。仕事のための写真を探している最中に娘の写真などが目に入ってしまうと、どうしても仕事から脱線しがちになりますし、思い出のための写真を眺めている最中に、仕事のメモが目に入ってくるのも私にとってあまり気持ちのいいものではありません。

6 Toggl

作業にかかった時間や、毎日平均するとどのくらいプロジェクトに関わっているのかなど、作業時間に関して詳しいことを知りたいなら「Toggl」はとても便利なツールです。

ブラウザで動くツールなので、ウィンドウズでもＭａｃでももちろん利用できますし、データはクラウド上に保存されますから、スマートフォンでももちろん利用できます。ま

■図7-7

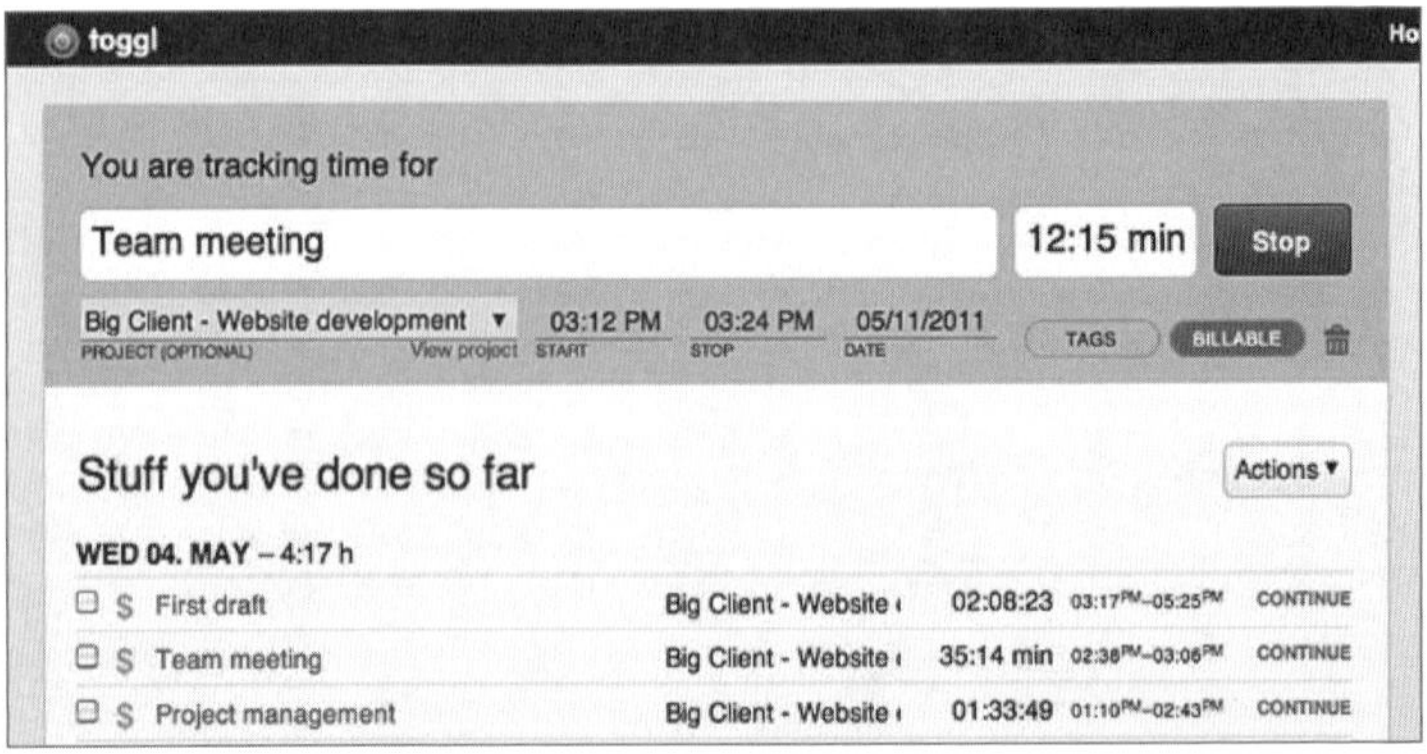
toggl
You are tracking time for
Team meeting
12:15 min
Stop
Big Client - Website development
PROJECT (OPTIONAL)
View project
03:12 PM
START
03:24 PM
STOP
05/11/2011
DATE
TAGS
BILLABLE
Stuff you've done so far
Actions
WED 04. MAY – 4:17 h
First draft
Big Client - Website
02:08:23
CONTINUE
Team meeting
Big Client - Website
35:14 min
CONTINUE
Project management
Big Client - Website
01:33:49
CONTINUE

■図7-8

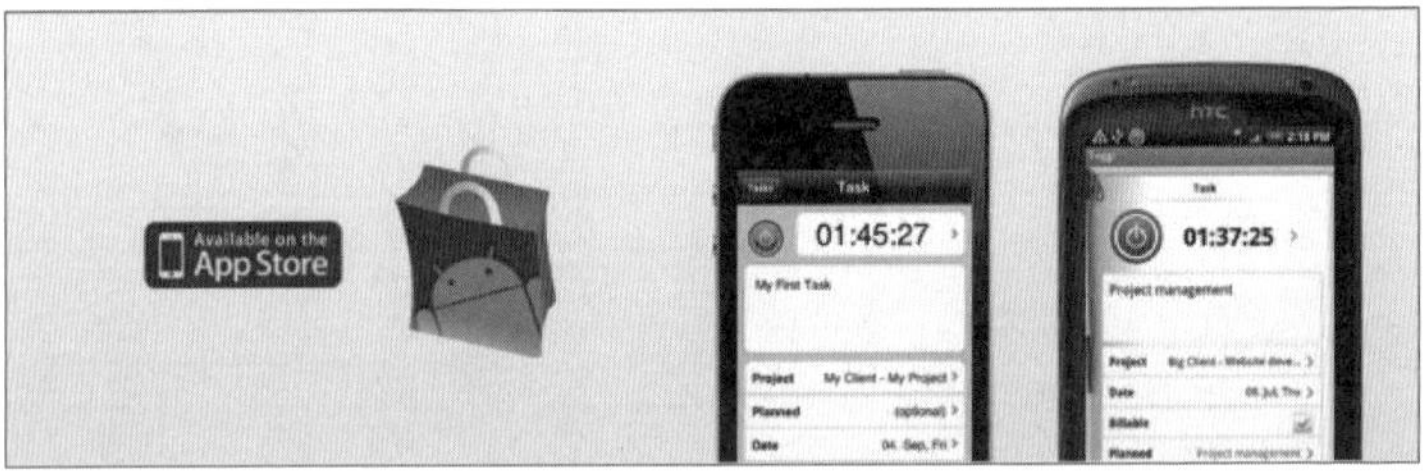
Available on the App Store
01:45:27
01:37:25

■図7-9

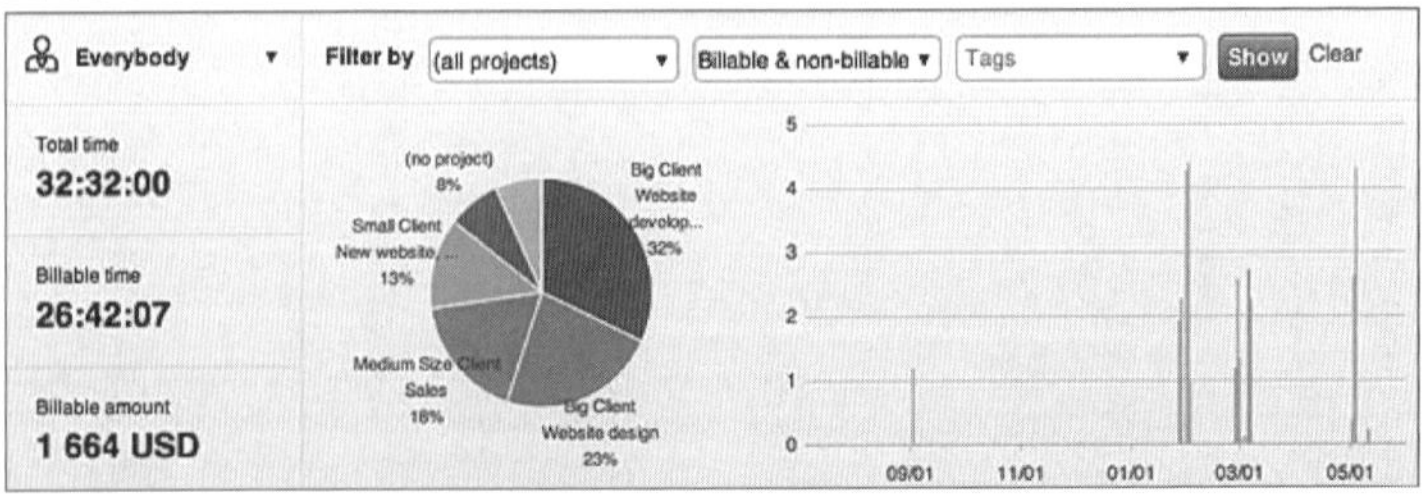
Everybody
Filter by
(all projects)
Billable & non-billable
Tags
Show
Clear
Total time
32:32:00
Billable time
26:42:07
Billable amount
1 664 USD
(no project) 8%
Big Client Website develop... 32%
Small Client New website,... 13%
Medium Size Client Sales 18%
Big Client Website design 23%
09/01
11/01
01/01
03/01
05/01

たiPhone、Android用のアプリもありますので、外出先でも簡単に使うことができます。ちょっと驚かされるのは「週次レポート」などがけっこうきちんとまとめられ、いろいろな切り口で時間をどう使ったか教えてもらえるところです。

英語サイトではありますが、日本語はもちろん使えますし、メニュー表示も日本語に対応しています。

7 OmniFocus（第3章98ページ）の丸数字解説 長期プロジェクトの締め切り

図7－10は第3章の図3－13（98ページ）を再現したものです。プロジェクト名は「110630『タスクツール』」となっていて、プロジェクト自体の締切日は2011年6月30日であることを示しています。にもかかわらず、5月24日に処理すべきタスクが25件あることを、白抜きの数字が示していると、第3章で説明しました。これはどういうことでしょうか？

OmniFocusの重要な機能として「多種多様な切り口で、タスクのセットを見せてくれる」ということがあります。この場合の25件という数字は、5月24日に期限が来ているタスクが「110630『タスクツール』」というプロジェクトの中に25個ある、という意味なのです。

プロジェクトの締め切りは6月30日であっても、多くのタスクはそれよりも前に処理しなければいけないはずです。5月24日に25項目のタスクがあるのは、ある意味では当然で、それらのタスクを6月30日になってから知ったのでは遅すぎるのです。

■図7-10

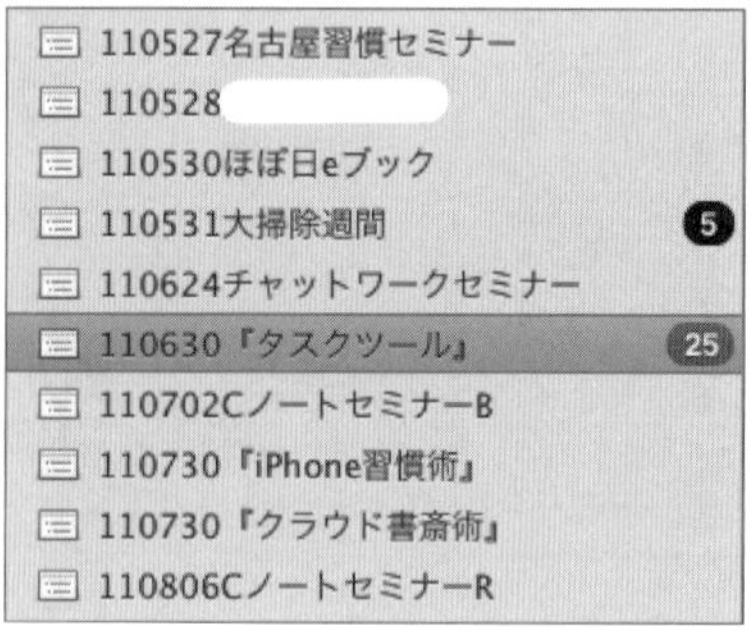

本書ではほとんど触れられませんでしたが、OmniFocusを使えば、タスクを期限順に並べてみたり、期限が迫っているタスクの中でもフラグを立ててある重要なタスクだけを表示するということが簡単にできます。いつやるのか、どこでやるのか、誰がやるのか、今どうなっているのか、どのくらい重要なのか、期限が迫っているのか、明日が期限なのか、過ぎてしまったのかということまでも組み合わせられます。そうした考え方を好む人は、ぜひ一度試用してみてください。その奥の深さに驚かれるでしょう。

8 MindMeister

本文中でも少し触れましたがマインドマップをタスク管理ツールとして使いたいという人はそれなりにいらっしゃるはずです。

そのような方にはぜひ一度、MindMeister[1]を試すことをオススメします。

MindMeisterはマインドマップを作るためのクラウドサービスです。デフォルトでタスク管理ツールとして利用できるように設定されています。タスクの優先度、進捗状況、終了予定日、担当まで決めることができます。担当というのはMindMeisterはクラウドサービスで、複数の人が同時に編集することもできるのです。

MindMeisterのいいところは言うまでもなく、階層をいくらでも細かくしていくことができる点です。そういう意

■図7-11

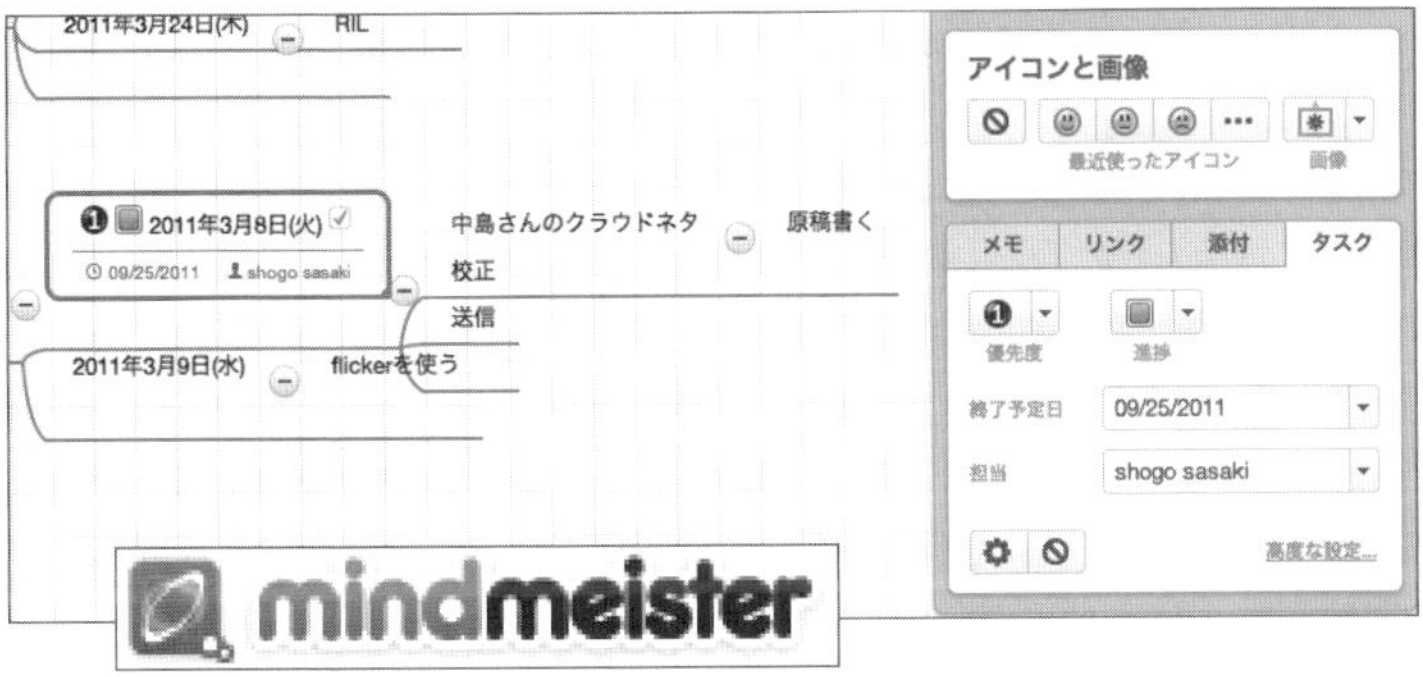

1　MindMeister：http://www.mindmeister.com

味ではタスク管理ツールとしてよりも、プロジェクト管理に向いていると思いますが、最下層にタスクをぶら下げていくことも可能だということです。

9 Evernote

Evernoteに関して詳しく書こうとすると、それだけで本が1冊書けてしまいます。ここではタスク管理の「サブシステム」の中でも、私が最も重視している「参照資料庫としてのEvernote」という点だけに絞って説明します。

❶プロジェクト名の統一

この本のような企画をいただいたら、私が真っ先にやることは「各ツールにおけるプロジェクト名を統一すること」です。このことは本文中で何度も書いたとおりです。

・締切日＋プロジェクト名

これが基本です。この本の原稿のプロジェクト名は、

・110630『タスク管理システム』

です。ルールは何でもいいのです。ただ自分が統一するのですから、自分で判断できる名前でなくてはいけません。

このプロジェクト名を、Evernoteのタグの1つに追加します。Evernoteはメモを管理するためのアプリケーションです。タグとはラベルのようなものだと思ってください。メモにラベルを貼って分類するイメージです。ラベルは何枚も貼れるように、タグも1つのメモにいくつでも付けられます。

プロジェクト名がタグなのは、同じメモを他のプロジェクトでも使用する可能性が高いからです。『タスク管理システム』の本に使いたいアイデアを、自分のブログでも書きたいと思うことはあり得ます。自分のブログもプロジェクト名の入ったタグになっています。

❷「プールする」メモと「使い回す」メモ

プロジェクトタグを作ったら、次にやることは資料収集です。そもそも本を書く企画をいただいているということは、企画を練った編集さんの頭の中に、何かしら盛り込みたいことがあったり、本を刊行したい時期などがあるはずです。それらの内容はメールでいただくことがいちばん多くなりました。

このメールを直ちにEvernoteに転送し（コピー&ペーストすることもあります）、先ほど作ったばかりのプロジェクトタグを付けます。

たとえば本書執筆中、次のようなメールをいただきました。

> [引用]
> 2章については、追記して頂いて良かったと思います。
> 5章をどうするかは、
> 全体を読んでみないと何とも言えない部分がありますので、
> とりあえず、仰せのとおり、第6章に入ってください。
> 全部原稿が上がったら、また、考えましょう。

このメールは直ちにEvernoteに転送されEvernoteのメモの1つになります。それに、

・110630『タスク管理システム』

というタグを付けました。ですが「タグを付けた」という状態は、メモにラベルを貼ったというのと同じこと。そのメモは机の上に散乱したままです。そこでメモをしかるべき場所に格納する必要があります。

■図7-12

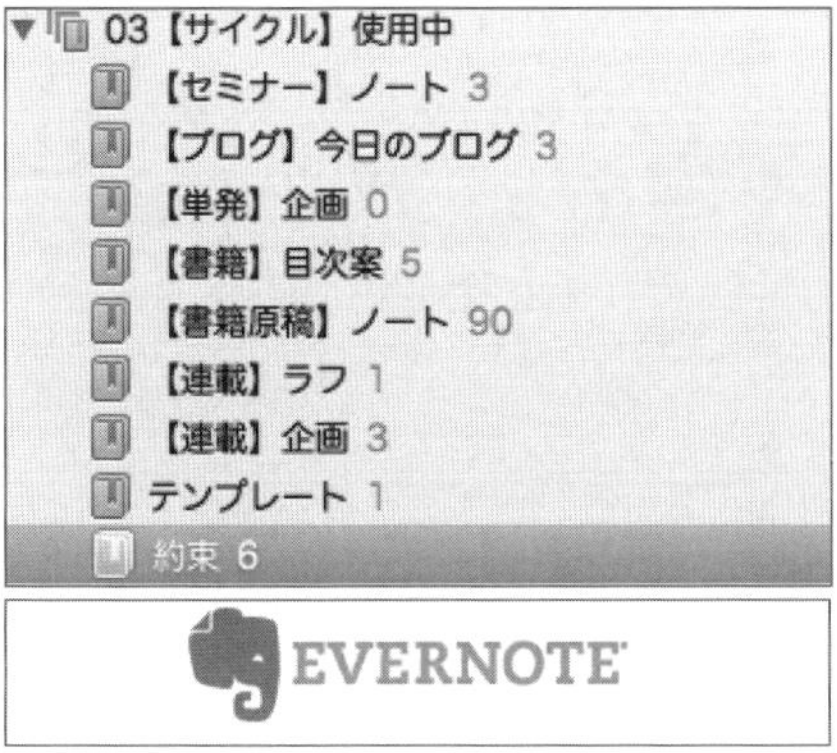

私はこういうメモは、「【サイクル】使用中」というフォルダの1階層下に「約束」というフォルダをさらに作り、そこへ入れておきます（図7－12）。書籍原稿執筆中に取り交わす「約束」のメモはとても重要です。これを残しておかないと、どんなことを書かなければいけなかったのか、わからなくなってしまいます。

この「約束」フォルダの中にはもちろん、他の書籍原稿に関する約束や、他の連載企画に関わる約束も入っていますから、「プロジェクトタグ」で分類しておいた方が安心です。

「約束」というフォルダをEvernoteでは「Notebook」と呼びます。「Notebook」と「タグ」の違いは、

- 1つのメモに「タグ」はいくつも付けられる
- 1つのメモはどれか1つの「Notebook」にしか入れられない

という違いです。

「約束」でありながら同時に「原稿のラフ」でもあるということはありませんから、「容れ物」で分けて差し支えないわけです。

10 お風呂メモ

お風呂の中でのメモというのは、非常に特別なものです。理由はいうまでもなく、水に濡れてメモが難しいからです。

おかしなことに、仕事に必要な発想の多くが、お風呂の中で思い浮かびます。おそらくやれることが極端に限られているのに、考え事は簡単にできる環境だからでしょう。

考え事は簡単にできますが、紙を使うには不向きな環境です。しかしここでの考え事を全部捨ててしまうのはとてももったいないので、私は少々コストをかけてここでの発想を拾っています。

今では水に濡れても大丈夫な素材でできたノートなどがいろいろ登場しています。私が利用しているのはストーンペーパーノートという製品です。Amazonでも入手可能です。

これは水に濡れてもまったく問題がないので、お風呂の中でふつうにメモをとることができます。ただし安い製品とは言えないので、お風呂の中でのみ使うようにしています。

お風呂の中でメモをする際、もう1つの問題はペンです。耐水性であってもノートはぬれてしまっていますから、ふつうのペンで書くとインクが流れて判読できなくなったりします。対策として用いているペンが、「ミツビシ パワータンクスタンダード0・7」です。

要するに濡れた紙にでも書けるというペンですが、大変に重宝しています。

■図7-13

11 HabitTimer

このアプリケーションは、毎日定時にやるべきことを思い出させてくれるというiPhoneのアプリです。似たようなものはほとんどのスマートフォンにあるでしょう。

毎食後1日3回の薬を服用することを忘れないようにするためのアプリ、といえばおわかりいただけると思います。薬を服用し忘れる人がたくさんいるのを見てもわかるとおり、いきなり発生するくせに、習慣化しなければならない行動というのは、よく忘れます。引っ越ししたてのマンションの鍵をなくしやすいようなものです。

ところが、タスクリストなどで何かプロジェクトを完成させようと思ったら、いきなり始める行動を習慣にする必要が出てくることが多いのです。

たとえば私の場合、新しい本を書こうとすると、ネットで関連資料を収集してはEvernoteなどで整理するという作業が突然発生します。似たようなことはふだんからやっていますが、特定作業としてそれをルーチン化しているわけではありません。それがいきなりルーチン作業としてやった方がよくなるのです。

また、本を書くとなると、書店を巡った時に趣味の本ばかり読んでいるわけにもいかなくなります。人と会う際にも、関連した事項について「取材」して回った方がいいことになります。こうしたことは本を書くとなれば自然と心がけるようになるものの、やはり忘れてしまうこともよくあります。書店へ行って小説コーナーばかり巡ったり、旧友に会って本のことなど忘れて歓談して終わってしまうのです。

そんな時は本当に後悔します。そこで、定期的に1日五度くらい、「今やるべきこと」をいつどこにいて何をしていても思い出すように仕掛けて、いきなり発生する習慣化すべきことがなんであるか、iPhoneに教えてもらうというわけです。

これはToodledoに入れておくべきようなことではありません。パソコンの前にいるとは限らない時に、思い出した方がいいからです。いろんな時に、いろんなところで、思い出すべきことです。そして一瞬だけ見てすぐポケットにしまうのがいいのです。そういった意味で、HabitTimerはとても便利なのです。

■図7-14

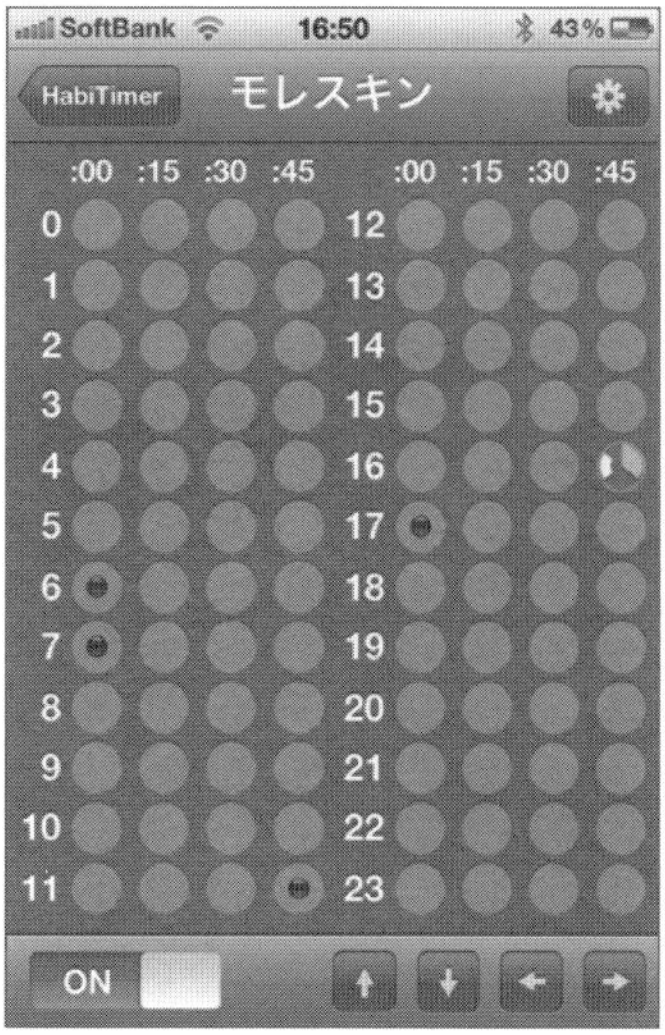

12 速ToDo

速ToDoはiPhoneアプリです。Toodledoへタスクを追加するためだけのアプリです。他の機能は実質的にありませんが、大変に重宝します。

まず、機能がほとんどないので当たり前と言えば当たり前ですが、動作が非常に軽快です。またほとんど「落ちる」ということがありません。

メールからも、Twitterからも新しいタスクが入力できるのに、何もわざわざ専用アプリを使わなくてもいい、と言われるかもしれません。

そう思うこともありますが、メールよりも速いように感じます。タスク入力において「速い」というのはよく言われるとおりでとても大切なことです。

それから、メールでもできることですが、このアプリでもコンテクストやフォルダを指定するこ

■図7-15

とが可能です。私が特によくやる使い方としては、

- コンテクストＡ＝朝の４時～６時
- 締め切り＝明日

の設定で、タスクを追加することです。そうすれば少なくともそのタスクに、明日の早朝再会することができるからです。

本書全体を通して何度も繰り返したことですが、とにかく大事なことはまず忘れること。後で思い出すことです。頭の中でふだんやっていることを、極力クラウドコンピュータに任せてしまうことです。

タスクの入力補助として、速ＴｏＤｏは私には欠かせないアプリの１つになっています。

13 yPad

このyPadというiPadをぱくったような手帳ですが、私は出た当初から目にする機会を

持ちまして、以来少し気になっていました。というのも、これがあることで私が「尺取り虫問題」と勝手に名付けた、一時的なプロジェクトが並行した際に起こる、独特の時間的不足感をある程度解消できるのではないかと考えたからです。

ただ私は、これほど大がかりなアナログ手帳を使うのに抵抗があったので、仕事でよくお世話になっている海老名久美さんを取材して、yPadの使用感を伺いました。海老名さんは翻訳のお仕事をされているフリーランスで、CNET Japanで本や製品のレビューを執筆されていて、著書もあります。

お話を伺ってわかったことは、これはまさに「尺取り虫問題」を解決するために作られた手帳だ、ということでした。ようするにいくつかの並行して進む作業を見開きの2週間で表示し、そのために発生する仕事を一日表示でも見えるようにするのです。こうすることで「自分が今何を抱えているのか?」「それはいつ頃までどのように続くのか?」「なぜ今大変か?」を一発でわかるように見せてくれる、という考え方です。

海老名さんはスタンプやマスキングテープを使って、まるでクラフト作品のような美しい手帳を作成されていました。そうすることで、大変な状況に少しでも入りやすくしようという工夫なのでしょう。

アナログならではの利点ではありますがもちろん欠点もあります。最大の問題は、本書

■図7-16

で強調していた「クラウド」がまったく利用できないことです。yPadの内容を変更したら、それをToodledoやOmniFocusに反映させる必要が出てきます。少なくとも私の場合にはそうしないと、システムが混乱して崩壊してしまいます。

しかし、そもそもアナログの手帳が好きで、どこにでもこれを持ち歩けるという人であれば、一度試してみる価値はあるでしょう。これに相当するようなデジタルツールの登場を望みます。できればクラウド対応で、Toodledoなどとも連携して欲しいですね。

著者紹介

心理学ジャーナリスト.
専門は認知心理学. 1973年北海道旭川市生まれ. 1997年獨協大学卒業後, ドコモサービス入社. 2001年アヴィラ大学心理学科に留学. 2005年に帰国.
著書に,『スピードハックス』『チームハックス』(日本実業出版社) のほか,『iPhone 情報整理術』(技術評論社),『いつも先送りするあなたがすぐやる人になる50の方法』(中経出版),『ライフハック心理学』(東洋経済新報社) などがある.
ブログ「ライフハックス心理学」主宰
http://www.mindhacks.jp/

クラウド時代のタスク管理の技術

2011年12月8日 第1刷発行
2012年2月6日 第2刷発行

著 者 佐々木正悟《ささきしょうご》
発行者 柴生田晴四
発行所 〒103-8345 東京都中央区日本橋本石町1-2-1 東洋経済新報社
電話 東洋経済コールセンター03(5605)7021
印刷・製本 廣済堂

Printed in Japan ISBN 978-4-492-58094-3 http://www.toyokeizai.net/